高校“三全育人”体系建设及路径研究

王 瑾 李依默 杨文博◎著

文化发展出版社
Cultural Development Press
·北京·

图书在版编目（CIP）数据

高校“三全育人”体系建设及路径研究 / 王瑾，李依默，杨文博著．— 北京 ：文化发展出版社，2023.12
ISBN 978-7-5142-4224-9

Ⅰ．①高… Ⅱ．①王… ②李… ③杨… Ⅲ．①高等学校－思想政治教育－研究－中国 Ⅳ．① G641

中国国家版本馆 CIP 数据核字 (2024) 第 016257 号

高校“三全育人”体系建设及路径研究

王 瑾 李依默 杨文博 著

出 版 人：宋 娜
责任编辑：任秀颖　　责任校对：岳智勇
责任印制：邓辉明　　封面设计：守正文化
出版发行：文化发展出版社（北京市翠微路 2 号 邮编：100036）
网　　址：www.wenhuafazhan.com
经　　销：全国新华书店
印　　刷：天津和萱印刷有限公司

开　　本：710mm × 1000mm 1/16
字　　数：200 千字
印　　张：10.5
版　　次：2024 年 5 月第 1 版
印　　次：2024 年 5 月第 1 次印刷

定　　价：72.00 元
I S B N：978-7-5142-4224-9

◆ 如有印装质量问题，请电话联系：010-58484999

前　言

中国特色社会主义的发展进入了崭新的时代，这对高校的思想政治工作提出了新的要求，高校要不断适应思想政治工作的最新变化趋势与要求。根据教育部出台的《高校思想政治工作质量提升工程实施纲要》，高校在推进思想政治教育工作的过程中应当推陈出新，在深入研究思想政治教育规律的基础上，推进构建“三全育人”体系，提升思政育人的实际效果。所谓“三全育人”体系，即以全员育人、全程育人、全方位育人为目标，以高质量人才培育为导向，以科学的人才培养体系建构为手段，因此，新时代高校“三全育人”体系的建构具有非常重要的战略意义。高校在开展教学和改进教学的过程中，其首要目的就是育人，即达到立德树人这一根本目的。为了实现高质量人才培养的目的，就必须具备与之相适应的教育理念与理论指导。对此，应将“三全育人”的教育理念渗透于思政教育过程中，切实提高思政教育教学的整体质量。

本书第一章为“三全育人”概述，分别介绍了“三全育人”理念的形成与发展，“三全育人”的内涵、核心要议和特征，“三全育人”的时代背景三个方面的内容；第二章为高校“三全育人”的理论基础，主要介绍了四个方面的内容，依次是马克思主义关于人的本质理论、马克思主义关于人的全面发展理论、关于灌输社会主义意识的理论、社会主义精神文明建设的理论；第三章为高校“三全育人”体系建设，分别介绍了三个方面的内容，依次是高校“三全育人”思想政治教育工作者工作机制与体系建设、高校“三全育人”资助育人机制与体系建设、高校“三全育人”联动机制与体系建设；第四章为高校“三全育人”体系运作机制的完善，依次介绍了科学管理信息、完善育人体系，加强队伍建设、优化课堂教学，构建完善的育人环境机制，打造高效的学生自我管控机制四个方面的内容；第五章为高校“三全育人”路径探索，主要介绍了四个方面的内容，分别是依托相关组织开展“三全育人”、依靠思想政治教育工作者开展“三全育人”、结合日常管理开展“三全育人”、贯穿校园文化开展“三全育人”。

在撰写本书的过程中，笔者参考了大量的学术文献，得到了许多专家学者的帮助，在此向其表示真诚的感谢。本书内容系统全面，论述条理清晰、深入浅出，但由于笔者水平有限，书中难免有疏漏之处，希望广大同行及时指正。

王　瑾

2023 年 7 月

目　录

第一章 “三全育人”概述

2016年，中共中央、国务院印发了《关于加强和改进新形势下高校思想政治工作的意见》，提出“坚持全员全过程全方位育人”。习近平总书记在全国高校思想政治工作会议上指出：“要坚持把立德树人作为中心环节，把思想政治工作贯穿教育教学全过程，实现全程育人、全方位育人，努力开创我国高等教育事业发展新局面。”[①]“三全育人”已经崭露头角，作为一个全新的教育观念，正在全国范围内得到深入的探讨与实践。本章为“三全育人”概述，主要包括“三全育人”理念的形成与发展，“三全育人”的内涵、核心要义和特征，“三全育人”的时代背景三个方面的内容。

第一节 “三全育人”理念的形成与发展

“三全育人”理念并非起源于古代传统思想，亦非借鉴自国际理论，而是随着国家在政治、经济和教育领域达到某一发展阶段而诞生的独特教育理念，与国家的实际情况相契合。社会主义发展进入新阶段，“三全育人”理念契合时代需要、人才成长需要、社会发展需要，理念不断成熟完善，实践不断深化。

这一理念的历史演变路径，突显了国家在政治、经济、教育和文化领域的广泛背景。“三全育人”理念的演进可以大致划分为五个历史时期。

一、初步萌芽期（1949—1966年）

韩愈强调了高校教育者的责任，包括传授学识技能和解决复杂问题。中华人民共和国初期延续了传统的教育传统，同时根据新的历史背景赋予了其新的涵义。在中华人民共和国成立之初，“三全育人”理念开始形成。当时，国家正处于建设初期，急需人才，毛泽东等第一代中央领导层认识到教育的重要性和紧迫性，

① 王永芹．立德树人必须加强高校马克思主义信仰教育[J]．中共南京市委党校学报，2017(1)：36–39．

对传统教育体制进行改革，确立了“民族的、科学的、大众的文化教育”的地位。1950 年 8 月 2 日至 11 日，中国教育工会举行了第一次全国代表大会，代表们提出了“教育、管理、服务”育人的理念。这一理念的提出标志着教育改革的一次重大突破，代表了对教育模式的新探索。这一新模式不仅比“传授知识”更为综合，也更为多元。在中华人民共和国的初期阶段，正是基于这一教育方向，培养了大量为国家建设做出杰出贡献的人才。1957 年，毛泽东在《关于正确处理人民内部矛盾的问题》中指出“思想政治工作，各个部门都要负责任。共产党应该管，青年团应该管，政府主管部门应该管，学校的校长教师更应该管”①，这里实际上就有了全员育人思想的萌芽。

二、曲折幻灭期（1966—1977 年）

在 20 世纪的六七十年代，由于国家面临发展上的挑战，高校教育领域也历经了一段混乱阶段，导致当时的高校教育几近停滞。这一时期，办学一度中断，学校及其教育设施遭到严重破坏。许多小学下放到村，中学下放到公社办学，国家支持减弱，教学质量下降。这一阶段采取的精简课程、缩短学制、弱化考试、学工学农等政策措施对教育产生了深远的不利影响。这一时期以阶级斗争为纲，“育人思想”发生了极大的偏离。

三、复苏中探索期（1978—1998 年）

随着党的十一届三中全会的召开，以邓小平为核心的党领导集体再次确认了实事求是的原则。随后，高校教育领域也开始回归和重建其本来的教育观念，例如教书育人。邓小平明确表示，“教育是一个民族最根本的事业”②，他呼吁全党和全社会树立“尊重知识、尊重人才”的理念，主张教育重心应调整至正规学历教育，推动文化学历的普及，从而改善专业人才断层和劳动力素质相对较低的现状。到了 20 世纪 70 年代末，教育领域逐渐形成了“教育培育人才、管理培育人才、服务培育人才”的共识。1982 年，党的第十二次全国代表大会将教育视为实现国民经济二十年翻番的关键，将其置于现代化建设的核心位置。1983 年，邓小平进一步指出“教育要面向现代化，面向世界，面向未来”③，这为指明中国特色

① 李晋平．“全方位”开展思想政治工作[J]．中国高校后勤研究，1995（4）：68—70．

② 张源．贯彻以德治国 加强师德建设[J]．江西教育，2001（6）：12—13．

③ 郭爱英，杨钰．略论思想政治教育要坚持“三个面向”[J]．山西高等学校社会科学学报，2001（7）：78—79．

社会主义高校教育的方向奠定了基础，并强调教育的目标是培养“有理想、有道德、有文化、有纪律”的社会主义“四有新人”。党的十四大后，确定了建立社会主义市场经济体制的目标。随着经济、政治和科技改革的持续深化，高校教育体制也必须进行相应的更新与调整，以适应经济和社会的发展需求。1992 年，党的十四大报告提出：“我们必须把教育摆在优先发展的战略地位，努力提高全民族的思想道德和科学文化水平，这是实现我国现代化的根本大计。”[①]1993 年，中共中央与国务院发布了《中国教育改革和发展纲要》。紧接着，在 1994 年举办的全国高校教育工作会议上，确定了到 2000 年实现基本的义务教育覆盖全民和基本消除青壮年文盲的国家目标，按照地区规划逐步实施。这也为地方政府在管理义务教育和职业教育方面提供了更多的权力，确立了以财政支持为主导、共同分担学习费用、多方筹措经费的策略，并建立了资助贫困学生的体系。此外，还倡导社会资助学校、鼓励社会各界参与教育，以及寻找国内外教育合作机会。在 1996 年 10 月的党的十四届六中全会结束后，为了进一步强化“三育人”运动和促进精神文明的建设，中国高校教育工会决定，在全国范围内展开侧重师德建设的活动，以“树立高校教师形象，营造文明高校校园，为跨世纪目标做出贡献”为核心任务。这一活动大大推动了“三育人”运动的深入发展，并举办了全国十大“师德标兵”评选，对高校教育领域的精神文明建设产生了积极影响。[②]

四、蓬勃发展期（1999—2011 年）

到了 1999 年，中共中央与国务院发布了《关于深化教育改革，全面推进素质教育的决定》。该决策从社会主义现代化建设的整体战略角度出发，为新世纪的教育改革与发展划定了关键方向。在全国高校教育工作会议上，江泽民强调，应以激发和培养学生的创新潜力和实际技能为核心，着力培养具备全面发展能力的社会主义建设者。该决策不仅明确了国内教育目标从应试教育向素质教育的转变，还设定了全新的教育模式标准。2004 年 8 月 26 日，《中共中央国务院关于进一步加强和改进大学生思想政治教育的意见》（简称中央 16 号文件）发布，其中阐述了加强高校生思想政治教育的指导原则、基本原则、主要任务以及有效手段，并介绍了多项新观念、策略和措施。如“坚持与育人相结合”“坚持教育与管理相结合”“坚持教育与自我教育相结合”等基本原则，通过“服务育人，管理育

---

① 朱浩源．我国公共教育支出受益归宿分析与不平等测度[D]. 天津：天津财经大学，2014.

② 王文学．对素质教育中加强“三育人”工作的思考[J]. 中国冶金教育，2000（3）：14—16.

人”“主动占领网络思想政治教育新阵地”等促进大学生全面发展。[①]中央16号文件是新时期中央政府与国务院发布的一份旨在加强及优化高校学生思想政治教育的文件。该文件反映了中央政府在新的历史背景下，对高校学生思想政治教育的重要性和科学性有了更深入的认识。2004年11月20日，中共中央政治局常委李长春参与了在广东举办的高校学生思想政治教育工作座谈会，提出了要“牢固树立教书育人、育人为本，德智体美、德育为先的观念”[②]，并强调思想政治教育应贯穿整个高校工作，实现全员、全程、全方位的教育。进一步地，2005年1月17日，中央政府在全国高校学生思想政治教育工作会议上进一步明确了这一方针，“加强和改进大学生思想政治教育是一项涉及方方面面的系统工程”“各高校要努力形成党委统一领导，党政群团齐抓共管，全体教职员工全员育人，全方位育人，全程育人的工作机制”。这是党中央第一次在会议上明确提出“三全育人”的口号。

五、成熟完善期（2012年至今）

自党的十八大以来，习近平总书记一直强调高校教育的核心使命是培养德智体美劳全面发展的社会主义建设者和接班人，明确提出这是其根本任务。2016年，在全国高校思想政治工作会议上，习近平总书记再次强调了这一观点：把思想政治工作贯穿教育教学全过程，实现全程育人、全方位育人、努力开创我国高等教育事业发展新局面。高校思想政治工作关系高校培养什么样的人、如何培养人及为谁培养人这个根本问题。要坚持把立德树人作为中心环节，把思想政治工作贯穿教育教学全过程，实现全程育人、全方位育人，努力开创我国高等教育事业发展新局面。[③]2018年5月，教育部办公厅发出《关于开展“三全育人”综合改革试点工作的通知》，决定选派部分地方和高等教育机构进行“三全育人”综合改革试点。经报送单位推荐、专家审议遴选等程序，委托北京市等5个省（自治区、直辖市）、清华大学等10个高校、北京师范大学教育学部等50个二级院（系）开展首批“三全育人”综合改革试点。2019年1月2日，教育部办公厅公示了第

① 易福林．关于大学生思想政治教育“三贴近”的思考[J]．学校党建与思想教育，2005（6）：21—22．

② 白钢，侯杰，张彦恒．探析中学德育在教育活动中的主导地位[J]．现代中小学教育，2012（10）：75．

③ 陈俊．以“三因”为抓手 开创职业教育思政工作新局面[J]．思想政治工作研究，2021（10）：47—48．

二批“三全育人”综合改革试点单位遴选结果。在此时期，“三全育人”模式的建设与应用方法更为完备，且针对新的情况推出了创新措施，其研究领域亦相应拓宽。2018 年 9 月，习近平总书记在全国教育大会上指出，“思想政治工作是学校各项工作的生命线，各级党委、各级教育主管部门、学校党组织都必须紧紧抓在手上”。2019 年 3 月 18 日，在人民大会堂，习近平总书记主持了高校思想政治座谈会，强调了运用新时代中国特色社会主义思想进行人才培养的重要性，再次彰显了党对思想政治工作的高度关切。以党的十八大为契机，再次强调教育立德树人的根本任务，高校思想政治教育的重要性和紧迫性，将“三全育人”理念真正落到实处，通过试点单位的实践探索为引领，各省、市和高校开展“三全育人”活动，这一理念开始成熟完善。

为了全面贯彻习近平新时代中国特色社会主义思想，并依据党的十九大以及其后的全会精神，加强对习近平总书记有关教育的核心观点的学习和贯彻，迫切需要加快高校思想政治工作体系的构建，坚定追求目标：培养具备民族复兴伟业使命感的新一代，以及在德、智、体、美、劳各个方面全面发展的社会主义建设者和接班人。2020 年 4 月，教育部等 8 部门印发《关于加快构建高校思想政治工作体系的意见》，从理论武装、学科教学、日常教育、管理服务、安全稳定、队伍建设、评估督导等七个方面，加快构建目标明确、内容完善、标准健全、运行科学、保障有力、成效显著的高校思想政治工作体系，推动形成“三全育人”工作格局。在十三五时期，高校思想政治工作质量提升工程得到了全面推进，在 8 个省（自治区、直辖市）、25 所高校、92 个院系展开了“三全育人”综合改革试点。各省（自治区、直辖市）、各高校在相关政策的引导下，组织开展“三全育人”改革试点，取得了卓越的成绩。

党的二十大报告指出，培养什么人、怎样培养人、为谁培养人是教育的根本问题。育人的根本在于立德。全面贯彻党的教育方针，落实立德树人根本任务，培养德智体美劳全面发展的社会主义建设者和接班人。该战略规划是以习近平同志为核心的党中央对新时代高校教育事业的总体安排。高校作为人才培养的主要地方，应当遵循党的教育方针，确保实施立德树人这一根本任务，并积极促进德、智、体、美、劳的全面提升。把全员、全程、全方位“三全育人”落到实处，办好人民满意的教育，着力培养担当民族复兴大任的时代新人。

第二节 “三全育人”的内涵、核心要义和特征

“三全育人”重心在“全”，核心在“育人”，通过育人范围、时间维度、空间维度的扩展和融合，营造立体、全方位的教育格局，培养具有健全人格和全面素质的时代新人。此理念反映了时代的特征、发展趋势以及创新的要素，为高校思想政治教育工作的深入实施和完善培养体系提供了强大推动力。厘清“三全育人”理念的内涵、特征，是开展育人工作的前提。

一、“三全育人”的内涵

“三全育人”即全员育人、全程育人和全方位育人。这一理念具有深刻的指导意义。具体而言，“全员育人”强调培养支持系统，涵盖学生、家庭、高校职员以及社会各界力量；“全程育人”关注培养时间和空间维度，时间涉及从入学到毕业，空间涵盖教育、管理、资助等多个环节；“全方位育人”注重培养成果的全面性，包括正式教育、课外活动、网络领域等多个培养领域，同时覆盖德、智、体、美、劳的培养方向。

（一）全员育人

“全员育人”强调了教育者的广泛性。思想政治教育不仅仅是高校的职责，家庭、社会以及学生自身同样扮演着教育者角色。“全员育人”表示高等教育机构中的所有教职员工都应积极参与育人工作，增强育人意识和责任感，确保育人要求在不同群体和岗位中得以实现，通过多种方式为大学生提供思想政治教育。这个“全员”范围广泛，不仅包括党员领导干部、思政课教师、思想政治教育工作者、心理健康教育者、就业指导教师等，还包括为学生提供专业知识教育的所有教师，以及其他对学生有影响的管理和后勤人员。此外，学生、校友以及外部人士也应被纳入其中，共同构建起学校、家庭、社会以及学生的全面育人体系。

从学者对“三全育人”内涵的诠释中可见，全员育人的核心在于参与者，这也就意味着教育的重点已从狭隘变为全面，扩大了其涵盖范围。任何与学生成长相关的群体都应当具备培养意识，承担起培养的责任，并在实践中发挥作用。教育者不仅负责传授科学文化知识和正确的思想观念，还应助力学生塑造出卓越的品质和高尚的道德准则，以支持他们的健康发展和成长。明显地，教育者已经成

为全员培养的核心成员。然而，对学生教育产生影响的不仅有教育者，还包括学校管理层、服务岗位上的教职工、学生本身以及与学生有亲缘关系的家庭成员和社会成员。传统思想过分强调教师“传道、授业、解惑”的职责和任务，忽视了其他主体对学生成长的影响和引导，导致对学生的思想政治引导过多集中于学校、课堂，形式单一，效果有限。“全员育人”扩大了育人范围，形成了育人共同体，客观上也推动了社会成员道德意识的增强。

（二）全程育人

全程育人强调高校学生的思想政治教育应是持续不断的，贯穿整个学习阶段。这要求将立德树人的原则融入学校教育和教学、学生发展以及教师成长中，以确保从入学到毕业、再到就业，甚至从小学、中学到高校的教育都具备持久、连续的教育链条。在学生的学习过程中，不论是学期初还是学期末，抑或周末和假期，高校都应有计划地进行思想政治教育，以保障教育全程无间断，确保思想政治教育一直贯穿在学生的学习历程中。

全程育人强调遵循学生成长规律，体现了对大学生阶段特点及心理变化的关注。人的身心发展具有顺序性、阶段性和特殊性等特征，不同年级学生的身心发展、学习需求、思想道德具有不同的特征，新生更关注对大学生活的适应，大三、大四的学生更关注就业、升学等，应该对不同阶段的学生开展不同类型的思想教育工作，针对学生的特点和需求，有的放矢，这旨在突显从基础教育到高校教育的连贯性和一致性。同样，也需遵循学生的成长进程，深化对学生身心发展特点的理解，确保各个教育阶段的有效开展。此外，选择适宜的教育内容、方式以及途径，确保教育者与受教育者在思维和情感层面互相沟通，以使学生在道德、智力、身体、审美和劳动等各个方面都得到全方位的培养。

（三）全方位育人

全方位育人则基于教育的多维要求，包括了从高层到低层的纵向教育维度，并结合各类教育手段构建了由内至外的横向教育层面。这包括整合校内外、课程内外、线上线下的各种教育途径，最大化地利用全部教育资源和工具，将思想政治教育融入课堂授课、科研活动、学生管理和社会实践等各个领域，形成协同促进教育工作的模式。详细而言，全方位高校育人以立德树人为核心，推动所有教育相关方协同合作，充分发挥一切教育资源和要素的作用，为学生创设有益的教育氛围，引导他们融入各类教育环境，确保他们在各个方面取得均衡的发展。

全方位育人概念内涵丰富，包括教育教学思维方法的多元性、教育教学途径与工具的多元化和分层性，以及教育教学内容的完备性、秩序性和协同性等。教育教学思维方法的多元性着重于培养学生以多维、全面、综合的方式思考问题，不仅限于单一视角，鼓励采用多角度思考，实质上是鼓励综合思考。教育教学途径与工具的多元化表示要全面利用各种方式和工具进行思想政治教育，使用方式既不能单一也不能陈旧。而分层性指的是在进行思想政治教育时，根据不同的受众和内容，选择合适的途径和工具，而不是随意选择。教育教学内容的完备性、秩序性和协同性强调思想政治教育内容需要完善、有序，并且能够相互协调，而不是零散或孤立的。

从“三全育人”概念深入分析，作为教育哲学，它不仅仅限于道德教育。它代表了在整个教育过程中，教育者对学生进行全面、多维度的培养。在宏观层面上，“三全育人”是党和国家在新时代落实高等教育思想政治任务的战略方针。教育部对“三全育人”的综合改革试点部署，不仅是对高校思想政治教育法则的总结，也是基于高校的根本立德树人使命，围绕“育人方式”展开的系统规划。将“三全育人”提升为教育战略方向，主要是为了进一步完善和调整教育管理部门与高校的教育策略，从政策导向、价值取向出发，要求高校积极推动“三全育人”改革，确保其融入各个办学治校领域、教育教学环节和人才培养方面，构建一个“十大育人”体系。

从宏观视角看，“三全育人”代表了高校在责任履行、经费投资、团队培养、制度维护以及评估监督等多方面所构建的思想政治工作架构。高校需建立一个科学、合理、实际且独特的“三全育人”模式，并在学科布局、教育体系、教材结构及管理机制中予以贯彻。这一工作架构对于整个“三全育人”理念的方向确定、总体规划和成果呈现都具有至关重要的作用。高校被视为践行“三全育人”理念的核心，只有充分利用这一工作架构，方能达成共同的教育目标，集中教育资源，实现教育的综合效益。

从微观角度看，“三全育人”主要指导高校教育从业者将这一理念与策略贯彻于教育和教学活动中。只有当高校教育从业者真正理解并内化了其育人使命，将“三全育人”的理念融入日常工作中，并熟悉“三全育人”的策略原则，才能真正实现这一教育方向。从这个角度来看，“三全育人”的核心价值在于其先进的教育理念和策略指导。实现全面的“三全育人”布局，关键在于深入人心的教育理念传播以及策略的正确应用。

二、“三全育人”的核心要义

三全育人是一项系统工程，“三全育人”重心在“全”，要求实现“教”与“育”“管”与“育”“服”与“育”的融合贯通，这是其深刻的内在含义。

（一）培养具有健全人格和全面素质的时代新人

教育的核心应始终聚焦于个体的培养，这不仅是教育的基本使命，也是其价值所在。基于这一教育理念，教育的关注点不能仅局限于学生眼前的成长，还应注重他们长远和全方位的发展。此外，教育者和受教者都应致力于满足国家和社会的期望与需求。因此，“育人为本、德育为先”应当被视为教育的核心理念。

高等教育，作为国民教育的最高层次，是展现一个国家发展能力和未来潜力的窗口，承担着多项重要任务，包括人才培养、科研、社会服务、文化传承与创新以及国际合作。特别是在人才培养方面，它占据着高等教育的核心地位。随着中国特色社会主义进入新阶段，国家高等教育需要完成从数量扩张向质量提升的转变，因此，高校在人才培养方面面临更加严峻的挑战。为了拥有与党和国家发展、社会期望以及国家整体实力和国际地位相匹配的高水平高等教育，并培养大批支持中国共产党的领导和中国特色社会主义事业的优秀人才，高等教育的发展必须面对并解决这一关键问题。习近平总书记强调，应当把培养社会主义建设者和传承者作为教育的核心目标，并努力打造一个包括德、智、体、美、劳等各个方面的全面培养体系，从而构建更加高效的人才培养模式。

（二）体现高等教育立德树人的内在要求

在新时代的背景下，“三全育人”理念对高校学生的全面培养和高校思想政治教育工作进行了深入思考。尽管“育人”自然涵盖了生活与生产的知识教育，但“三全育人”所强调的核心是个体的“品德”培养。这里的“品德”涵盖广泛，不仅包括个人的道德品行和家庭的道德观念，还包括遵守社会良好的生活与生产秩序的公共道德，甚至是关心国家和民族发展的宏大道德。在这种情况下，这种“品德”的广泛涵盖意味着对世界观、人生观、价值观的塑造。从更深层次来看，“三全育人”旨在培养受教育者建立正确的世界观、人生观和价值观，帮助他们稳定地掌握自己的成长和生活方向。

（三）构建跨时空、全领域、全要素的人才培养体系

促进我国的现代教育，不只是为了持续为社会输送创新人才，也是为了达到

国家的人才强国和人力资源发展的目标。工业 4.0 时代的到来，让我国高校的人才教育培养模式面临前所未有的挑战。传统的教育教学方法及人才培养模式已经不能满足当前社会的发展和变革。因此，以创新人才培养模式为主导，将课堂教育教学内容进行深化，并不断对高校教学方式方法进行优化和创新，才可以为高校提供和营造更加有利的环境。与此同时，在创新人才模式的构造过程中，还需要进行不断的完善和细化，在互联网信息技术大背景的依托下，通过大数据及人工智能等增加高校课堂的个性化和人性化教学，积极将互联网与高校人才培养教育进行融合，继而提升高校教育教学质量，为高校提供多样化的发展可能。

“三全育人”提倡全员、全过程、全方位的育人体系，坚持“十体系联动”，构建课程育人、科研育人、实践育人、文化育人、网络育人、心理育人、管理育人、服务育人、资助育人、组织育人的“十大”育人体系，实现了育人资源共享、育人力量汇聚，体现了对人才培养体系的创新，通过构建跨时空、全领域、全要素的立体、复合人才培养体系和模式，健全人才培养机制，保证人才培养效果。

（四）满足人民群众对教育的共性和个性需要

教育是现代社会中人们的最大需要之一。教育发展必须不断满足人民群众日益增长的科学文化教育需要，特别是要满足人民群众渴望子女接受优质教育的需要，切实保障人民群众及其子女接受良好教育的权益，努力办好让人民满意的教育，办好让人民满意的学校，以确保高校教育的进展成果惠及全体人民，切实体现出发展以人民为中心、发展依赖于人民、发展成果由人民共享。让所有人都能够享有公平的受教育机会是教育最崇高的理想。教育公平是社会主义教育的本质要求。保障人人享有公平的受教育权利和机会，使全体人民学有所教，是教育工作义不容辞的责任。教育的最高境界是满足每个人的个性需要和他们的期望。1994 年，联合国教科文组织通过的《萨拉曼卡宣言》首次提出了“全纳教育”的概念，就是为每个人提供一个有效的教育机会，同时符合每个学生或学习者不同的需求，也就是要让每个人获得他所需求的有效的学习机会。“三全育人”的教育理念要求教育既要了解社会和文化的多样性，又要意识到每个人、每个学生都有着不同的个性，使教育能够满足每一个学生的需求和他们的期望。

三、“三全育人”的特征

“三全育人”既是教育理念，也是行动指南。新时代下，应深刻认识并掌握“三全育人”的理论特点和时代价值。在确立这一理念并采取相应方法时，必须全面理解“三全育人”的特色，建立其体系和机制，以此构建独具特色的“三全育人”人才培养模式。

（一）实践性

“三全育人”理念有力地应对了高校育人所面临的实际挑战。当前，高校育人任务面临多方面的困境，不仅涉及思想理念，还包括操作层面的难题。核心问题在于缺乏全面关注和服务学生的意识。长期以来，高校的育人工作主要由思想政治工作者和思想政治理论课教师来承担，相对而言，其他教职员工对育人的主体责任不够明确，缺乏有效的评估机制。这导致部分高校存在“强调教育内容、轻视育人责任”“注重管理、忽视育人”“强调智力培养、忽略道德教育”以及“强调科研、轻视教学”的趋势。由于过分依赖这两类从业人员，高校在整合育人资源、更新方法、提升意识等方面滞后于实际需求。再加上协同效应不足和方法工具不足，高校急需对“三全育人”工作进行供给侧改革，以满足需求侧的新时代发展需求。

（二）发展性

面对国际和国内形势的深刻变化、各种思想文化的碰撞与融合，高校的教育环境发生了显著改变。在这种新背景下，高校教育资源更加充实，教育要素更具多样性，教育过程呈现更具复杂性，同时教育范围得到广泛拓展。从全员参与教育的角度看，除了高校内部教职工承担教育任务外，高校还需积极吸引社会各界力量参与并支持教育工作，建立合作教育模式。在整个教育过程中，思想政治教育呈现出前瞻性和扩展性的发展趋势，教职工的教育责任不仅仅限于课堂，而是包括了教育教学和学生发展的整体过程。此外，从全方位教育的角度看，教育的时间和空间都在不断扩展，无论是线上还是线下，无论是课程内还是课程外，无论是校内还是校外，都围绕着“如何更好地教育”这一核心议题。

（三）创新性

“三全育人”代表了在新的思政观的导向下，高校思想政治工作改革的方向。这一改革应当具备全面性和持续性，而非仅仅局限于某一维度，强调了全员参与、全过程覆盖、全方位推进的高校教育模式，并需要在新的思政观导向下实施全面综合改革。其出发点源自中国特色社会主义教育的基本理念，即知识体系教育与思想政治教育的有机结合，二者需相辅相成，明确且准确地确定思想政治工作的角色定位，整合各类教育资源，以将学生全面发展作为高校各项任务的核心目标。

各地区、各学校乃至各院系应该针对各自的特殊性，从学生的视角、学科的视角、工作任务和职能的视角，创新三全育人的开展路径和实施办法，突出重点，彰显特色。①

第三节 “三全育人”的时代背景

自中国共产党第二十次全国代表大会胜利闭幕以来，高校全面学习并贯彻落实党的二十大精神，在工作的方方面面都掀起了学习贯彻党的二十大精神热潮。高校作为社会子系统之一，作为矛盾变化最敏感的传感器，应该直面新的社会主要矛盾，以马克思主义唯物辩证法为基本遵循，立足系统论与整体主义哲学世界观，深刻分析和把握思想政治教育工作的具体矛盾，做好育人工作，为新时代青年大学生提供“适销对路”、喜闻乐见、管用有效、立意高远的思想政治教育产品。“三全育人”思想的完善、立体化和实践化，体现了新时代社会背景下的人才培养需求。

一、中国特色社会主义进入新时代的机遇与挑战

从国际上看，和平、发展、合作、共赢的时代潮流没有变，世界多极化、经济全球化、文化多元化、社会信息化深入发展和科技创新加快推进，以经济实力、科技实力、文化实力、军事实力为主要内容的综合国力竞争日趋激烈，国际力量对比总体上有利于保持世界和平。同时，国际金融危机深层次影响尚未消除，主要发达国家经济增长乏力，世界经济复苏缓慢，等等。随着我国日益走近世界舞台的中央，国际影响力、感召力、塑造力进一步提高，“树大招风”效应日益显现，面对的外部阻力和战略遏制日益增多。

从国内来看，我国经济发展进入新常态，经济长期向好的基本面没有变，改革发展的良好态势没有变，人民生活继续改善的态势没有变，社会总体和谐稳定的态势没有变。同时，经济下行压力加大，我国发展长期面临的一些突出矛盾和问题尚未得到根本解决，又出现了一些新情况、新问题。产能过剩和需求结构调整矛盾突出，经济增长内生动力不足，金融风险有所集聚，部分地区困难增多，

① 王艳平．高校“三全育人”的特征及其实施路径[J]．思想理论教育，2019（9）：103–106．

一些地区环境污染问题依然严重，改革处于爬坡过坎阶段，人民群众在生产生活方面还有不少困难，推动我国经济社会持续健康发展的内外环境更加复杂，等等。

习近平总书记在党的二十大报告中指出：“新时代十年的伟大变革，在党史、新中国史、改革开放史、社会主义发展史、中华民族发展史上具有里程碑意义。”

二、建设教育强国的迫切需求

“教育兴则国家兴，教育强则国家强。”[①] 当今世界强国无一不是教育强国，在其发展过程中，都十分重视发展教育。教育也为其经济社会发展、确立和维持强国地位发挥了巨大作用。构建社会主义现代化强国为中共党员努力追求的方向也代表着近代以后中华人民与民族的深切期盼。教育强国是现代化强国的重要内容，也是建设现代化强国的基础。没有现代化的教育，就不会有现代化的事业。习近平总书记指出，“‘两个一百年’奋斗目标的实现、中华民族伟大复兴中国梦的实现，归根到底靠人才、靠教育”。[②] 改革开放以来，党中央一直十分重视教育事业的发展，历次提出并落实了科教兴国战略、人才强国战略以及创新驱动发展战略，将教育置于优先发展的策略地位，全方位推进教育的改革，积极促进高校事业的壮大，建成了世界上最大规模的教育体系，使我国教育迈进世界中上行列，为我国社会主义现代化建设事业提供了坚实的人才支撑和智力保障，促进了我国由人口大国向人才资源大国的转变，为加快教育现代化和教育强国建设奠定了坚实的基础。

强国必强教，强国先强教。教育本质上是培养人的事业，是面向未来的事业。在经济社会发展中，教育具有基础性、全局性和战略性作用，同时也有周期长、效益滞后的特点。今天的学生是未来建设社会主义现代化强国、实现中华民族伟大复兴中国梦的主力军。习近平总书记指出：“教育是民族振兴、社会进步的重要基石，是功在当代、利在千秋的德政工程，对提高人民综合素质、促进人的全面发展、增强中华民族创新创造活力、实现中华民族伟大复兴具有决定性意义。”[③] 建设社会主义现代化强国、实现中华民族伟大复兴中国梦，对新时代的我国教育提出了新的使命和要求，迫切需要准确把握新时代加快教育强国建设的着力点。

---

① 赵祥模．心怀“国之大者”奋力谱写高等教育改革发展新篇章[J]. 陕西教育（高教），2022（10）：5–6.

② 王子，韩雪．现代化进程中青少年思想品德建设路径探析[J]. 贵州教育，2021（22）：3–5.

③ 曲建武．做一名政治强的思政课教师[J]. 思想教育研究，2020（9）：9–11.

教育是一个复杂的系统，教育强国建设是一个复杂的系统工程。加快教育强国建设必须找准着力点，系统推进，重点发力。具体包括着力提高人才培养质量，转变教育发展方式；着力完善教育体系，努力建成高水平的人才培养体系；着力深化教育体制机制改革，加快推进教育治理体系和治理能力现代化；着力推进教育公平，促进教育均衡发展；着力建设高水平的教师队伍等措施。加速教育强国的建设，必须坚决维持党对教育事业的绝对领导。在以习近平同志为核心的党中央有力领导之下，遵循习近平有关教育强国的关键论述，深入推进教育改革，加速教育强国的构建，确保中华民族伟大复兴的坚实基础。

三、以立德树人为教育的根本任务

“大学之道，在明明德，在亲民，在止于至善”[①]的省世教育格言，跨越几千年的时空仍在警醒世人。纵观古今，“德”一直是中华民族文化的核心，也是培养人才的核心。立德树人可谓是中华民族永恒的教育价值追求，绵延不断，源远流长。党的二十大报告明确指出育人的核心在于立德，此观点是以习近平同志为核心的党中央对党的教育方针的继承、拓展和发展，也代表了党的教育理论创新的最新进展，是推进我国教育现代化的行动指南，对答好“强国建设，教育何为”的时代课题具有重要的理论价值和实践意义。当前，高校需将立德树人视为教育的核心目标，持续培育承担民族复兴任务的新时代人才。

习近平总书记始终把“理想信念”作为“灵魂”在落实立德树人根本任务中加以强调。党的十八大报告提出“把立德树人作为教育的根本任务，培养德智体美劳全面发展的社会主义建设者和接班人”以来，习近平总书记围绕坚持立德树人根本任务，提出了“理想指引人生方向，信念决定事业成败。没有理想信念，就会导致精神上‘缺钙’”“青年一代有理想、有担当，国家就有前途，民族就有希望，实现我们的发展目标就有源源不断的强大力量”“广大青年一定要坚定理想信念”“把理想信念建立在对科学理论的理性认同上，建立在对历史规律的正确认识上，建立在对基本国情的准确把握上”[②]等一系列新论断新理念。在党的十九大报告中，习近平总书记明确指出：“要全面贯彻党的教育方针，落实立德树人根本任务，发展素质教育，推进教育公平，培养德智体美全面发展的社会主义

① 杨叔子．先生留卓见我辈应深知：《中国高等教育史论》序 [J]. 高等教育研究，2013，34 (4)：1—7.

② 石玉东．围绕六个“下功夫”落实立德树人根本任务 [J]. 甘肃教育，2020 (18)：48.

建设者和接班人。”进一步明确和发展了“立德树人”的目标、任务与使命，强调“要以培养担当民族复兴大任的时代新人为着眼点”，要“加强马克思主义理论教育”“广泛开展理想信念教育，深化中国特色社会主义和中国梦宣传教育，弘扬民族精神和时代精神”“培育和践行社会主义核心价值观”，引导青年“有理想、有本领、有担当”，更好地“构筑中国精神、中国价值和中国力量”。[①] 从基础教育到高等教育，从与青年座谈到与师生座谈，从全国性工作会议到党的全国代表大会，只要讲到教育的立德树人根本任务，习近平总书记都会把理想信念教育作为“灵魂”和首要任务加以明确和强调，揭示了理想信念教育对培育和践行社会主义核心价值观、培育和弘扬中国精神的强基固本功能，明确了理想信念铸魂作为立德树人关键环节的重要作用。

党的二十大报告明确要求，“全党要把青年工作作为战略性工作来抓，用党的科学理论武装青年，用党的初心使命感召青年”，做青年朋友的知心人、青年工作的热心人、青年群众的引路人。思政课教师要切实在实际工作中将立德树人根本任务落实落细，真正做到为党育人、为国育才。

在《路易·波拿巴的雾月十八日》中，马克思从三个本质向度出发，揭示了构筑人们思想灵魂的三重世界：一是由“希望、信念、信条”等理想性因素构成的以“信仰”为核心的意义世界，发挥着统摄和主宰作用；二是由“原则、人生观”等规范性因素构成的以“价值”为核心的观念世界，发挥着基础作用；三是由“旧日的回忆、忧虑和希望、独特的情感、同情和反感”等基础性因素构成的以“精神”为核心的情感世界，发挥着支撑作用。意义世界是人们思想灵魂的信仰主宰，观念世界是思想灵魂的价值基础，精神世界是思想灵魂的情感支撑。铸魂的关键在于构筑意义世界和理想信念，并以观念世界与核心价值观为价值基础，以情感世界和国家精神为情感支撑。马克思说：“人不是个体人的抽象物，就其本质而言，人是一切社会关系的总和。”[②] 也就是说，人不但具有自然属性，更为本质的是人具有社会属性。依此来看，理想信念是“魂中之魂”，核心价值观是“魂中之介”，中国精神是“魂中之基”。在落实立德树人根本任务中牢牢抓住理想信念铸魂这个关键，就是要紧紧围绕理想信念教育这个中心环节，培育和践行社会主义核心价值观，培育和弘扬中国精神，使坚定的理想信念作为指引和支撑青年学生成长发展的“政治灵魂”与“精神之钙”。

---

① 万明钢．加快建设高质量教育体系是民族教育新时代的重大使命[J]. 中国民族教育，2022(11)：4—5.

② 刘钻吉．人的本质问题之所见[J]. 齐齐哈尔师范高等专科学校学报，2012 (1)：73—74.

四、思想政治工作贯穿教育教学全过程

古人说：“敬教劝学，建国之大本；兴贤育才，为政之先务。”教育对于民族振兴和社会进步至关重要，它是当前的重要举措，对于提升公众整体素质、推动人们全面发展、增强中华民族的创新活力、实现中华民族伟大复兴有着至关重要的作用。强大的教育体系代表着一个强大的国家，而高等教育的发展水平则是评估国家潜力的关键标志。在实现中华民族伟大复兴的过程中，绝不能忽视教育的重要性和作用。当今时代，对于高等教育的需求和对科学知识与卓越人才的追求，比以往任何时候都更为迫切。党中央决定加快建设世界一流的大学和学科，旨在提高中国高等教育水平，并增强国家核心竞争力。习近平强调，我国的高等教育负有培育德智体美全面发展的社会主义事业建设者和接班人的重要责任，确保坚定正确的政治方向至关重要。高校的根本宗旨在于培育德性并塑造人才；仅当一个高校能够培养出卓越的人才时，该高校方可成为世界顶尖学府。办好我国高校，办出世界一流大学，必须牢牢抓住全面提高人才培养能力这个核心点，并以此来带动高校其他各项工作。

高校思想政治教育是帮助大学生走出思想困境的重要工具。高校大学生处于思想道德体系尚未稳固的阶段，刚脱离高中紧张的学习生活，步入大学校园，无论在学习、生活还是思想方面，都需要极大的自主性和能动性。面对复杂的社会环境、中西方观念的碰撞、各种思想的冲击、各种利益的诱惑，他们难免会产生思想上的危机感，例如道德危机、心理危机、信仰危机等。高校思想政治教育重在帮助大学生树立正确的思想观念，提高分辨是非的能力，对学生的成长和发展具有十分重要的现实意义。

高校的思想政治工作不仅是中国高校的显著特点，也是成功办学的关键优势。青年正处在价值观形成和确立的关键时期，是一个人成长、成才的关键起点，习近平总书记始终高度重视对青年的思想政治培养，提出“要因事而化、因时而进、因势而新”。在全国高校思想政治工作会议上，习近平总书记给出了明确而系统的答案，“要遵循思想政治工作规律”“要用好课堂教学这个主渠道”“要加快构建中国特色哲学社会科学学科体系和教材体系”“要更加注重以文化育人”“要运用新媒体新技术使工作活起来”。① 坚持将马克思主义作为高校教育的指导思想具有至关重要的意义。全面实施党的教育方针，持续传扬马克思主义科学理论，确

① 韩震．高校要在构建中国特色哲学社会科学中发挥好主力军作用[J]. 马克思主义理论学科研究，2022，8（6）：27—35.

保学生在其整个成长过程中全面接受马克思主义理论教育，以确立坚实的思想基础。坚决培养和普及社会主义核心价值观，引导教职员工和学生深刻认同并积极传播这一核心价值观，同时以身作则践行之。同时，努力培育出色的校风和学风，确保高校的管理井然有序、校园氛围和谐融洽。

第二章　高校“三全育人”的理论基础

当代高校“三全育人”工作适应时代的新变化和当代学生的新发展，坚持以人为本、全面发展、灌输社会主义意识、社会主义精神文明建设的科学理念。高校“三全育人”工作要把大学生既看作实践的主体，又看作价值的主体；需要坚守素质教育的原则，以促进高校学生思想道德素质、科学文化素质以及身心健康素质的全面协调与可持续发展为目标；必须准确理解社会因素与学校教育之间的相互影响，充分发挥学校和社会在培养学生方面的整体性作用，确保教育的各方面功能得以有效发挥，构建全员、全过程、全方位育人模式；要适应开放的环境和多元的时代特征，着力提升当代大学生面向社会、面向世界、面向未来的素质和能力。本章为高校“三全育人”的理论基础，主要内容包括马克思主义关于人的本质理论、马克思主义关于人的全面发展理论、关于灌输社会主义意识的理论、社会主义精神文明建设的理论。

第一节　马克思主义关于人的本质理论

世界上的一切事物都在不断地运动、变化和演化。在历史的长河中，人类也持续不断地发展。与此相对照的是，动物根据自然法则逐渐演化，而它们并没有认知到自身的存在和变迁，也没有设定发展目标。然而，人类不仅在各个领域持续进步，还能够洞察自身的成长，并确立了全面发展的目标。这些特征源于人类的独特属性，即与其他生物有所不同的本质。人类的全面发展正是基于这一根本属性，最终显现为内在力量的不断增强。

一、马克思主义关于人的本质理论的概述

对人的本质的探讨，一直为古今中外思想家津津乐道。关于此问题的论述有自然主义和唯心主义两大派别，前者将人的本质理解为生物的人的本质或具有感性外观的自然物，而后者将善或恶等一些理念赋予人的本质。在马克思主义诞生

之前，尽管对人的本质进行了众多探讨，但都未能得到科学的答案。只有马克思主义才在人类自我认知的过程中，首次达到了科学的层次，明确了人的本质即“一切社会关系的总和”。在人的本质问题上马克思主义既不同于唯心主义，也不同于旧唯物主义。马克思主义在批判、继承以往优秀思想的基础上，基于人的实践活动，展现了人们的社会关系，进而掌握了人的本质的转变与成长及其真实基础，为人的本质提供了深入而科学的阐释。

在《关于费尔巴哈提纲》中，马克思明确指出：“人的本质不是单个人所固有的抽象物，在其现实性上，它是一切社会关系的总和。”这个论述作为马克思主义关于人的问题的总纲，明确地告诉我们生产劳动决定着人的本质；人的本质是社会关系的总和；人在本质上是自然性、社会性和实践性的统一；人的本质既有共性也有个性，是共性和个性的统一；人的本质又随着历史的发展而发展等。

生产劳动构建了个体之间的社会纽带，确立了人类的社会属性。所谓的“社会关系的总和”是一个复杂而多层面的架构。它主要包括经济、政治和伦理道德方面的关系。经济关系，也就是生产关系，包括了生产资料的所有权、在生产过程中的角色分配以及产品的分发方式。政治关系涵盖了阶级、政党、国家和民族等方面。伦理道德关系则包括了家庭关系，以及高校内部的师生、同事、朋友之间的关系。社会关系的范围非常广泛，涵盖了经济、政治、法律、思想、文化和习俗等多个领域，这些领域共同构成了“社会关系的综合体”。在这众多的社会联系中，生产关系占据主导地位，对个体的本质产生着至关重要的影响。这正是马克思主义中关于个体本质的核心理论观点。

马克思主义关于“人的本质是一切社会关系的总和”的科学论断，为高校“三全育人”工作对人的思想的科学认识及在此基础上开展的活动提供了理论指南。人的本质的自然性要求高校“三全育人”者必须对受教育者的心理实行一种确定的、有目的和系统的感化作用；人的本质的社会性决定高校“三全育人”工作要努力营造良好的社会环境，而高校“三全育人”也是一项社会化的工作，需各方共同进行；人的本质的实践性决定了高校“三全育人”工作必须立足实践、注重实效；人的本质的多样性决定了高校“三全育人”工作要根据个体差异因材施教；人的本质的历史性决定了高校“三全育人”工作需要不断发展和创新。

人的本质并非永久固定，而是持续演进与转变的。社会的进步反映了人类本性的演化。正如马克思所强调的：整个历史也无非人类本性的不断演变而已。随着生产力的发展，生产关系呈现出各种不同形式，与此相关的，人的本质也出现了差异。这一变迁与可塑性正是高校“三全育人”任务的必要条件和可行性之所在。

在社会划分为阶级的情况下，人们的社会关系必然表现为阶级关系。人的本质的阶级性，是社会分裂为阶级的必然结果。它随阶级的存在而存在，随阶级的消失而消失。当然，绝不应该将阶级性夸大化和绝对化。人的本质在阶级社会中除了表现为阶级性外，也还有其他的社会性。如马克思在批判杜林时说的“纯粹的人类感情”，特别是两性间的感情，并不完全取决于阶级性。因此，不应将阶级性简单等同于社会性。

在社会主义初级阶段，现实中的社会关系是极其复杂的。社会主义的经济关系占主导地位，阶级对立关系不再是社会主义社会的主要关系。但是，在社会中还存在着旧的社会关系的残余和某些产生剥削阶级思想的因素和土壤。因此，对社会主义社会人的本质必须做具体分析，既不能将其一概说成阶级的本质，也不能排除阶级的某些烙印和影响。

在实际社会中，个体在特定社会关系的背景下从事各种性质的工作，同时结合了各自的自然特征，这在日常生活中使他们呈现出与他人不同的独特存在。这种独特性或个性，按照马克思的看法，构成了每个人的基本特质。因此，通过这种方式，马克思明确了人的本质：人们在确定的社会环境中从事物质生产，并主动地展示他们独有的个性。

对于个人本质的形成，社会关系起到了决定性的作用，但不能忽视个体的主观因素。在社会主义条件下，人的本质是不一样的，即使在生活条件大体相同的情况下，人的本质也会有差异。这种差异性产生的首要原因在于社会关系的影响，他的社会经历和具体社会关系决定了他的本质。不承认这一点，便离开了唯物论。但是，也不能不看到个人主观努力和选择对自己本质形成所起的重要作用，有时甚至是决定性作用。不承认这一点，便离开了辩证法。正因为如此，“三全育人”工作一方面要加强教育工作环境的建设和调节，另一方面也要努力调动人们自我教育和完善的积极性，并且还应承认，只有自我教育能力的完善才是最可靠的完善。

马克思指出，人是由于他的特殊性而成为个体，成为单个的即有个性的个人。[①] 马克思强调，尽管个体在社会关系中扮演着重要的角色，但他们并未完全融入社会关系之中，他们的存在不仅仅受社会背景所限制。由于个体拥有独特的特质，因此他们拥有自己独特的生活历程，这一历程不会被社会历程所抹去。因此，个性鲜明的个体的真正意义在于他们独特的特质。从个体的基本存在出发，

① 符雄辉．马克思“个性”思想研究[D]．武汉：华中师范大学，2019.

马克思揭示了人的真正本质：人们在特定的社会背景下从事生产活动，从而主动地展现出他们独特的个性。

要了解和判断人的本质，应做到以下两点：第一，必须进行全面的社会关系分析，以确定对个体最为重要的社会关系，考察这些关系的影响程度。同时，也需要深入研究并掌握该个体所处社会关系的演变历程，已经产生的社会关系的变化制约着人的本质也发生变化，这是一个相当复杂的情况，必须做具体的历史的考察和分析。第二，全面地分析一个人的思想和行为。人的思想和行为是人的本质的主要表现形式，考察和分析人所处的社会关系是了解人的本质的重要方式，但不是唯一的方式，还必须同时考察人的思想和行为表现。只有综合审视一个个体所处的社会关系，并将其思想和行为全面地考察，方能准确把握其本质和可能的发展方向，为高校的“三全育人”任务提供可靠的基础。

当代高校“三全育人”的核心主题是做人的工作，这就决定了马克思主义关于人的全面发展理论对当代高校“三全育人”来说具有深厚的理论指导意义。在一定程度上可以说，马克思主义是当代高校“三全育人”的理论依据和现实出发点、最终目的与归宿。社会前进依赖于个体的全方位发展。在目前的背景下，高校“三全育人”应识别并培养人们改变世界的潜在能力，进而助推社会及个体的持续进步，为进一步实现人的全面发展创造条件和夯实基础。个人的全面发展受诸多因素制约且具有阶段性，这就要求高校“三全育人”必须从实际出发，既不能滞后又不能超前，同时还要坚持继承、借鉴、创新的有机统一。

二、对人的本质发展的当代解读——以人为本

在高校的“三全育人”教育理念中，以人为核心。大学生不仅被视为实践的核心，以激发其积极性、主动性和创造性，还被视为价值的核心，着重关注其价值观、物质和精神需求，以及发展需求。只有在此基础上，高校的“三全育人”理念才能充分展现其价值。

立足当代现实和实践，重新发掘和研究马克思的理论遗产，可以发现，以人为本是马克思创立唯物史观时本来就包含的一个极其重要的基本原则。马克思从唯心主义转向唯物主义，以及他创立历史唯物主义的过程，均源于对历史、社会和人类的深入关注。他的众多著作都以对人类的境遇和解放的展望为核心。马克思一生的学术和实践活动都是为了全人类的解放。但他的“以人为本”的理解与哲学史上的各种解读有所不同。他并不是从人作为宇宙之本或抽象的人出发，而

是基于实际的人，坚信人民是历史的缔造者和社会历史的主要驱动力。在马克思主义理论中，“以人为本”不是附加的观念，而是与唯物史观紧密相连的核心理念。今天提出“以人为本”是适应社会历史条件的变化和中国现代化建设进程的需要。

为深入探讨“以人为本”的科学内涵，需明确以下关系。

首先，关于“以人为本”与“民本思想”的区别。“民本思想”的起源可以追溯到中国古代，孟子提出“民贵君轻”的观点，而唐太宗李世民也表达了“水可载舟，亦可覆舟”的看法。然而，值得注意的是，“民”并不等同于“人”。在历史发展中，“民”通常与“君”相对立，或者是统治者对被统治者的称呼。尽管“民本思想”强调重视“民”，但它仍然着重维护统治者的利益。而“人”，无论是与神本思想相对的人本思想，还是与以物为本思想相对，都指涉广泛的人群，其目的在于实现人的价值与幸福。

其次，关于阶级社会与社会主义社会中的“以人为本”。这两种理念在对“人”的定义上存在根本不同。马克思主义不仅深刻揭示了资本主义社会对人的剥削和压迫，还为人类的解放提供了方向。马克思、恩格斯在《共产党宣言》中就指出：“过去的一切运动都是少数人的或者为少数人谋利益的运动，只有无产阶级的运动是绝大多数人的、为绝大多数人谋利益的独立的运动。”

最后，需要区分“以人为本”和“以个人为本”。需要注意的是，“以人为本”并不等同于“以个人为本”或“自我为本”。虽然“以人为本”的核心最终涉及个体，但这里的“人”并不仅仅指某一个或少数个人，而是指广泛的人群，甚至是整个人类。如果将这个概念仅仅限定在自己，就容易陷入个人主义的陷阱。

作为历史唯物主义的一个重要原则，“以人为本”从来都是具体的、历史的，不是抽象的、凝固的。以人为本中的“人”是指现实的人，即在社会中生活和活动着的人。“人”的定义千差万别，其权益也是多元的。关于究竟以何种人为本，以及以其何种权益和能力为基准，是随时间变化而变化的。从崇尚非人的神或物，到强调某一强势群体，再到以全体人民为出发点；从追求满足人的某些需求，到追求社会、自然的和谐以及人的全面健康发展，这一系列变革反映了人类“以人为本”价值观的不断进化，也代表着社会历史的进步。

在社会主义社会中，“以人为本”的核心理念和规定包括以下几点：首先，将人看作世界的基石，而非神祇或其他超自然存在。“人”在此上下文中代表广大人群，不受限于个体或一小部分人，它可代表整个人类。其次，人被看作实践的核心。正如“人是万物之灵”这句话所示，劳动是区分人类与其他生物的关键特征。实践被视为人类独有的行为方式。历史的创造者和真正的主导者是人民群众。只有在社会实践中，不断信赖并充分激发人民群众的活力、创新性和主动性，才能推动世界和社会的转变，进而促进社会的进步。此外，人也被看作价值的核心。人不仅是实践的中心，还是价值的中心，将实践和价值的双重身份融合在一起。人的实践行为旨在实现并维护个人的价值和利益，满足其需求。

在当代中国，“以人为本”主要强调以人民为中心，但这并不仅限于以人民为中心。首先，在这个语境下，“人”不仅代表人民，还包括其他定义。例如，在某种存在意义上的人、在社会角色意义上的人、具有独立性格和特点的个体，以及所有为中国特色社会主义事业付出努力的建设者和工作者。“人”相对于“人民”具有更广泛的涵盖范围。其次，“以人为本”意味着每个人都应享有基本的人权，每个人的权利都应受到尊重；这一内涵比“以人民为本”更为深刻。另外，“以人为本”强调对任何侵害人性发展和不尊重个体的行为进行深刻反思，以促进人的全面发展。最后，“以人为本”着重关注人与人之间的共性和个性差异。因此，以人为本比以人民为本更能调动一切人的积极性和创造性，凝聚一切积极力量。

总结而言，中国特色社会主义的“以人为本”战略强调了个体和多数群体的需求，不仅满足了物质需求，还致力于满足精神需求。因此，这体现了人民至上的理念。这一理念是中国共产党作为无产阶级先锋队的核心宗旨，也是全面建设小康社会的内在意义。

“本”指的是发展之本。一般地说，“以人为本”，就是肯定人在社会生活中的主体地位。相对于人对人的依赖、人对物的依赖而言，它把人当作主体，强调人的主体性；相对于边缘化的人，它将人视为一切事物的前提，人是一切活动的主体和执行者；相对于人作为手段而言，它把人作为目的，以满足人的需要、实现人的利益为思想和行动的出发点、目的和标准。

“人是万物的尺度”被认为是至关重要的财富。不论是实现国家的宏伟目标还是各个群体的具体目标，都与人的思想解放、观念更新、科学文化素质提升以及创造力息息相关。国家、社会和群体的利益与进步最终都与人的利益和发展相结合。高校的“三全育人”战略的目标是激发每个人为自身利益而奋斗，因此，人是该战略的受益者。为了实现人的全面发展，满足物质和精神需求，高校的“三全育人”战略应当尊重、理解并关心每个人。

在现代社会背景下的“以人为本”理念，除了应秉持和宣扬尊重个体价值观、保障人权和促进个性发展的理念，还需注重考虑个人的生存价值，以实现人与自然、社会以及个体之间的和谐关系。这一价值观在解决社会发展问题时有广泛的适用性，但在不同领域的具体体现可能会有所不同，需要与具体情况相结合。举例来说，在经济领域，必须警惕只关注经济总量和国内生产总值（GDP），而忽略个人的发展。而在微观层面，“以人为本”理念应用于企业管理中，不再将员工仅仅看作经济利益的追求者，而是要关注个体的特点和创造力，以确保在提高效率的同时，不将员工仅仅视为工具，而将他们视为管理的核心。

三、以人为本在高校“三全育人”领域的本质要求

在各个社会领域中，人本主义被广泛认为具有重要的意义，然而，其在不同领域的具体表现方式各有差异，必须与各领域的具体背景相结合。高校的“三全育人”核心理念，强调了人的全面发展。

在高校的“三全育人”理念中，必须将学生视为拥有独特个性和观点的主体。在教育过程中，注重激发学生内在的教育需求，以激发并增强学生的积极性、主动性和创造力。这个过程的目标是帮助学生建立科学的世界观、人生观和价值观，培养他们正确的思想道德观念，进一步促进他们全面成长，使他们具备为社会主义现代化事业做出贡献的能力。

（一）全面满足大学生的物质、精神生活需要

马克思曾精辟地指出：“人们奋斗所争取的一切，都同他们的利益有关。”在本质上，高校的“三全育人”旨在运用最新理论来武装个体的思维，深化其思想觉悟，激发其积极性、主体性，指导并教育个体为实现各自的利益而不懈努力。

目前，我国正在经历一场深刻的社会变革，涉及人际关系和利益结构的转变与调整。只有强调满足个体的物质生活需求，才能真正激发个体的积极性。除了确保个体的基本物质生活需求得到满足，还要考虑到其精神层面的需求，包括对爱的渴望、对尊重的期望、对自我实现的追求等。在确保满足个体各种需求的同时，必须强调马克思主义的世界观、人生观和价值观的教育，引导个体正确看待自身的利益，妥善处理国家、集体与个体之间的利益关系，引导个体从基本需求逐步迈向更高层次的需求，明确个体与社会需求满足是同一问题的不同侧面。高校的“三全育人”应将尊重个体与服务集体、个体进步与社会发展、坚持原则与理解和尊重他人紧密结合，同时将统一标准与因材施教、传授正确思想与自我教育紧密结合，进一步提升个体的思想品德水平，满足个体在思想道德层面上的成长需求。

（二）充分发挥实践主体在实践活动中的能动作用

高校的“三全育人”任务不仅仅是满足社会发展的需求，还要充分满足广大教育接受者在生存和发展方面的需求。本质上，高校的“三全育人”应该被视为一个塑造个体人格和思想政治品德的过程，同时也是教育接受者与社会规范之间相互作用的过程。然而，目前的实际操作中，高校的“三全育人”往往表现为教育者对学生人格和思想政治品德的单向影响。为了改善这一状况，需要考虑教育接受者的接受机制和内在需求，强调以人为本的原则，发掘学生在教育中的自发性，以提高他们对“三全育人”理念的接受度。

以人为本的原则强调高校的“三全育人”应该以个体为核心，其目标不仅仅是培养劳动力，更应该培养有明确目标、既具创造力又懂得享受生活的个体。然而，目前高校“三全育人”面临的问题包括缺乏实践机会和过度认知。这些问题导致学生的主观能动性没有得到充分发挥，思想政治品德难以成为他们真正的信仰，并导致“知行不一”的现象。因此，我们应该从教育接受者的实际需求出发，激发他们的积极性，并鼓励他们在实践中发挥主动性，从而使高校的“三全育人”任务能够取得更为显著的成果。

（三）将培养“四有”新人作为高校“三全育人”的根本

马克思主义强调，社会主义新社会建设的核心任务在于推进个体全面发展。党的最终目标是实现共产主义，以促进个人的全方位成长。1986 年 9 月，党的第十二届六中全会通过了《中共中央关于社会主义精神文明建设指导方针的决议》，明确将“四有”人才培养模式定位为精神文明建设的核心使命，并强调社会主义精神文明建设的主要职责是为社会主义现代化提供服务，培养具备理想、道德、文化和纪律的社会主义公民，以提升中华民族的思想、道德和科学文化水平。“四有”新人的培养旨在实现全面且自由的个体发展，该标准与社会主义初级阶段的人的发展特点相结合，是适应国情的个体发展准则。“四有”作为社会主义初级阶段人的发展的四个维度，“分别从政治素养、伦理素养、知识素养、行为素养等方面对社会主义新人提出了严格要求”，对人的全面发展进行了规划。

促进人的全面发展，培养符合社会主义“四有”标准的新一代，既是社会主义社会前进的必然要求，亦是人类自身本质需求和最大利益所在，同时也体现了高校教育的核心要义和首要职责。

此外，高校的“三全育人”策略在人本主义观念的指导下，制定了更为严格的标准。高校必须基于“以人为本”的理念，确保教育提供者与接受者能够在民主、平等、和谐以及合作的环境中进行互动，共同成长，不断完善自我。这要求教育提供者在与学生交往时表现出高度的尊重、理解和关怀。

尊重的核心是考虑学生的需求、兴趣、创造力和自由。教育提供者需要与学生进行平等的、双向的沟通，实现思想的交流与容纳。理解则需要深入挖掘学生内心的驱动力和需求，因为满足这些需求是外部教育影响的关键所在。只有当高校的“三全育人”教育内容通过多元的途径进入学生的视野，并满足他们内在的需求时，学生才会积极主动地接受和实践这些教育内容。

至于关怀，它侧重于关注学生的日常生活和真实需求。通过共情和亲身体验，实现情感上的共鸣和观念的逐渐变革，进而提升思维深度。这种关怀不仅关乎学术方面，还关乎学生的整体发展和幸福感。

总之，高校的“三全育人”策略在强调以人为本的理念下，要求教育提供者与学生之间建立更为紧密的联系，确保教育过程更人性化，以培养更全面、更具创造力的学生。

第二节　马克思主义关于人的全面发展理论

全面发展的理念，起源于漫长的社会历史进程。在现代社会，这已不仅仅是一种理想和未来的展望，更是一种实际的探索与目标。对于马克思有关全面发展的观点，需要进行深入的当代解读。透过思考，必须明确认识到，全面发展已经从理论愿景演变为社会现实，而这涉及一系列具有长期性、复杂性的挑战。我们必须明确社会整体进步与个体发展之间的矛盾，以及终极价值观念和特定历史准则之间的冲突。这些矛盾是实现全面发展所必须克服的。关于全面发展的议题，学术界已经进行了深入的探讨，并取得了许多新的研究成果。这些研究主要围绕着“个体”和“全面”这两个核心概念展开，逐渐建立了以“个体”“全面”和“发展”为三大支柱的理论体系。虽然前两个概念的研究相对成熟，但实际上，关于“发展”这一概念的探讨一直持续到 20 世纪 90 年代末才取得深入的进展。

一、马克思主义关于人的全面发展理论的概述

促进人的全面发展是“以人为本”思想的核心目标。人的全面发展是所有努力的核心，其好坏直接影响经济社会的总体进程。四个现代化的前提、基础和根本在于人的现代化，没有人的现代化，就不可能有整个社会的现代化。高校“三

全育人”承载着培养社会主义合格建设者和可靠接班人的历史重任，是造福千家万户的民心工程，必须将人的全面发展作为其基本理念。

马克思与恩格斯所探讨的人的全面发展学说，乃是构建共产主义思想体系不可或缺之要素，为高校的“三全育人”工作提供了理论支撑。为了更好地促进当代大学生的全面发展，有必要深入探究人的全面发展理论的科学内涵。

马克思首次明确提及“个体的全面发展”这一学术观点，正是在其著作《德意志意识形态》中，随后在众多著作中对其进行系统而深入的诠释。准确理解并梳理这一理论的深刻内涵，对于推动现代高校学子全面发展至关重要。

马克思在他的著作中深刻地阐述了人的全面发展问题。他的观点囊括了道德、智力、体能、审美等多个方面，并强调这些层面的发展应该是和谐而全面的。在生产领域，马克思主张社会的所有成员都应该在智力和身体方面实现全方位、高度自由和和谐的发展，即成为“各方面都能力突出的人，即能通晓整个生产关系的人”。[①] 马克思在他的多篇著作中详细论述了德育、智育、体育、技术教育与美育，并强调了它们的一致性，为人的全面发展指明了方向。他坚信，个体应追求成为一个“完整人”，全面而均衡地发展个体自身。按照这一理念，即便个体经历不同的成长阶段，每个阶段都应维持全面和均衡的个体发展，以避免不均衡的发展现象。

人的全面发展是指劳动能力的全面发展。马克思在《1844 年经济学哲学手稿》中指出：“劳动这种生命活动、这种生产生活本身对人来说不过是满足他的需要即维持肉体生存的需要的手段。而生产生活就是类生活。这是产生生命的生活。一个种的全部特性、种的类特性就在于生命活动的性质，而人的类特性恰恰就是自由的有意识的活动。”[②] 因此，可以得出结论，人类的独特之处在于其拥有自由自觉性。劳动作为人的基本活动，不仅创造了人类，还塑造了人类的特征。因此，个体的劳动能力以及其水平直接决定了个体的自由自觉性的程度，使得劳动能力的全面发展成为个体全面自由发展的基础。

马克思提出，人的全面发展不仅代表着人类自身的解放，同时也是实现共产主义和消除私有制的必要条件。马克思说：“私有制只有在个人得到全面发展的条件下才能消灭，因为现存的交往形式和生产力是全面的，所以只有全面发展的个

① 王少华．素质教育的理论基础：马克思主义关于人的全面发展的学说[J]．教育探索，2001(11)：14.

② 汤培艺．马克思《1844 年经济学哲学手稿》中的类生活思想研究[D]．长沙：湖南大学，2020.

人才可能占有它们。”[①]

个体的成长与其所处的社会环境密切相关。马克思认为，个体始终是社会的产物，一直在特定的社会环境中生存和成长。每个人的能力的塑造和发展都与特定的社会环境密切相关。正是在这个意义上，马克思指出：“社会关系实际上决定着一个人能够发展到什么程度。”[②]人的社会互动是其与社会形成更广泛、更全面关系的过程。个体的成长与他直接或间接交往的其他人有着紧密的联系。社会交往程度越广泛、社会关系越丰富，那么其视野越开阔，获取的信息、知识和技能也越丰富，从而能力的增长更为迅速。

人的全面发展涉及需求的全面发展及其最大满足。在马克思的观点中，正是这种需求的不断发展和满足推进了人类与社会的进步。人的需求是多元且层次化的，包括物质和精神两方面，其中精神需求又包括发展需求和自我实现的需求。随着旧需求的满足，人们不断产生新的需求，从而驱动各项事业的前进。

因此，马克思认为，需要的发展是“人的本质力量的新的证明和人的本质的新的充实”[③]。随着人类需求层次的日益扩展和多样化，不断满足这些需求成为推动人类全方面发展、促进社会全面进步的驱动力。

要实现人类的全方面发展，必须具备一定的历史条件。首先，需要消除私有制，确保生产资料归属于整个社会。同时，必须将生产力发展到足够的水平，以为每个人提供展现其全部潜能的机会。此外，全面教育也是人类全面成长的基础，这包括德育、智育、体育、美育、技能培训以及处理人际关系的正确方法和技能。

人类的全方面发展意味着个性的自由展现。根据马克思对人类发展的三个阶段的描述：在初级阶段，人们高度相互依赖，个性被掩盖；进入中级阶段，虽然基于物质依赖，个性开始展现，但仍受物质的神秘性所制约；进入高级阶段，也就是自由个性阶段，生产力高度发展，社会财富充裕，人们开始追求个性的自由发展，这也被称为“自由人的联合体”时期。

正如马克思所指出的，“代替那存在着阶级和阶级对立的资产阶级旧社会的，将是这样一个联合体，在那里，每个人的自由发展是一切人的自由发展的条件”[④]。

① 刘清卫．《德意志意识形态》中分工与人的全面发展思想探究[D]．福州：福建师范大学，2019．

② 黄玮．我国城镇化进程中新型社会关系的构建[D]．福州：福建师范大学，2016．

③ 徐堃．试论人的需要和幸福的共性特征[J]．理论学习月刊，1989（9）：26—28．

④ 胡建．马克思“人类解放”的价值意蕴与中国当代价值精神的定向[J]．哲学研究，2000（5）：3—9．

人类的个性自由发展程度，反映了人类的整体成长水平。为了实现这一全面成长，必须将个性自由发展视为出发点和终极目标。

在追求人类全方面成长的教育过程中，马克思主义一直强调人的全面成长。自马克思和恩格斯以来，列宁、斯大林、毛泽东，以及众多马克思主义的教育家、思想家和政治家都不断完善和发展了马克思主义有关人的全面发展的理论。总的来说，全面教育是确保人的全方位成长的关键要素。

二、人的全面发展的本质规定

回顾历史，早在1957年，毛泽东在《关于正确处理人民内部矛盾的问题》中，明确阐释了人的德、智、体的综合成长思想。随后，邓小平强调了培养具备“四有”素质的新一代，将其视为社会主义精神文明建设和中国特色社会主义文化建设的核心任务。而习近平总书记则强调，当代青年应该铭记“言之过早会误国，实际行动才能振兴国家”，他鼓励青年，无论如何都要通过勤奋努力来实现自己的人生价值。同时，他也寄望青年能够勇敢面对各种挑战，展现出敢于探索新路的锐意，积极更新思维观念，与时俱进，坚持不懈，将创新和创造作为己任。

关于人的全面发展的理论，涵盖了以下观点：社会的进步依赖于个体的全面成长；个体的全面发展受到生产方式和教育条件的影响；人的发展经历了“个体依赖关系”“以物质为基础的个体独立性”和“自由的个性”三个不同阶段；人的全面发展在于身体与智力、各类才能以及个体与社会的多方面关系的充分展现。

习近平总书记指出，要按照人才成长规律改进人才培养机制，“顺木之天，以致其性”，避免急功近利、拔苗助长。要广泛吸引海外优秀专家学者为我国科技创新事业服务。要在全社会积极营造鼓励大胆创新、包容创新的良好氛围，既要重视成功，更要宽容失败，发挥好人才评价指挥棒作用，为人才发挥作用、施展才华提供更加广阔的天地。①

总的来看，当代高校学子的全面发展，主要集中表现在他们多方面素质的全面提高。这三个方面的素质，即思想伦理、科学文化和身心健康，共同构成了高校学子综合素质的支柱。在这其中，思想伦理素质被视为素质教育的核心，科学文化素质则构建了学术和才华的基础，而身心健康素质则为其他两个方面提供了必要的基础支持。因此，高校学子的全面发展需要确保这三个方面的综合性、平

① 李波，于晓斌，薛金刚．行走在“顺天致性”教育的深处：山东省五莲县实验学校育人纪实[J]．山东教育，2020（22）：4-9.

衡性以及持续不断的提升。

高校应深入实施“三全育人”战略，以追求全面发展的目标为出发点，积极推动学生在思想、文化和身心健康三个方面的全面提升。这一战略的核心目标是引导学生朝着成为满足时代需求的高质量人才的方向迈进。

三、人的全面发展的当代解读

从马克思首次提出人的全面发展理念以来，已有一个多世纪过去，人的发展已经从抽象的愿景演变成了现实中的具体目标。

广义而言，人的全面发展包括自主性、主动性、创新性以及其他核心主体性质的全面扩展。这一理念主要表现在以下几个方面。

首先，关注人的本质，可以看到其质的演进，这意味着不断探索发展过程中的质的跃升以及新型“人”的涌现，比如创新时代的个体、电子空间的参与者、复合智能的倡导者、网络系统的参与者等，这些都代表社会进步的新特征。

其次，通过考虑人的“数”的规模，可以定义整个社会成员的全面发展。马克思认为，“人的全面发展”既包括每个个体的全面发展，也包括整个社会成员的整体发展。换句话说，社会中每个人的全面进步都与整体社会的普遍进步以及每个个体的特定进展相结合。

最后，还要考虑人的群体特性和本质发展。完全展示人的本质能力至关重要，因为人的根本本质在于其社会性特质。人的全面发展实际上是人拥有自身本质的过程，也就是实现人的解放。具体而言，这意味着激发潜藏在每个人内部的各种内在能力，确保它们得到最大程度的展现。同时，也要确保人的思维、道德、精神层面、社交关系以及认知水平都得到全面展示。完整展示人的本质能力是一个持续的历史进程，随着物质和精神生产的不断发展，与时俱进。

在当代社会，人的全面发展不应局限于少数人，而是应适用于每个个体。这意味着“每个人的全面发展”原则适用于所有社会成员，反对只让一部分人得到发展，而边缘化其他人的做法。

从“全面”的核心观点出发，人类的进展应该包括各种要素，如能力、素质、个性、需求、品格、尊严、关系、生态、习俗以及情感等，这需要我们综合考虑这些要素，而不是孤立地看待它们。在这个新的历史时期，对人的全面发展内涵的定义需要从“发展”的角度来考虑，并且需要深入研究在社会开放的背景下这一内涵的意义，这方面的研究已经引起了广泛的关注。马克思和恩格斯早就预见到，不同社会制度下通过改革促进开放，并且借助开放来推动改革，以完善社会发展机制，从而使每个个体和社会阶层融入全球历史进程，这是一种必然趋势。他们认为，实现“世界历史性的存在”是人类全面“发展”的一个重要标志，但在发展的道路上，这仅仅是一个崭新的起点。因此，在不断开放的社会背景下，为了适应知识经济、网络经济、信息经济等的发展，需要对人的全面发展的深刻价值进行科学的阐述。

努力消除人的依赖性，拓展人与人之间的社交关系。马克思说过：个人的全面性是他的现实关系和观念关系的全面性，而不是想象的合理性。[①] 只有在广泛涵盖各个领域和层次的社会交往中，与众多他人进行交流，参与整个物质和文化生产的广泛交流时，才有可能逐步消除地缘和民族的限制，全面发展个人才能和独特性。每位社会成员都应获得展示其全部潜力和才能的机会，以促进人的全面发展。马克思主义奠基人强调了个体发展与社会或集体发展之间的相互依赖性。人的全面发展无法在对立或孤立的情况下实现，只有在人与人之间、人与社会之间实现和谐统一的状态下，才能真正实现。

人的需求应该得到全面的满足。需求是推动人实现全面发展的关键因素，如果不是为了满足特定的需求而采取行动，人就不能展现其潜力。人的全面发展受到需求的驱动，最终目标是满足这些需求。人类的需求反映了客观生活的条件，而这些条件表现出极大的多样性。这些需求包括物质和精神两个方面，有基本需求，如生理和安全需求，也有更高级的需求，如尊重和自我实现的需求等。满足一个需求的过程可能会激发出其他新的需求，这是一个不断延伸的过程，而这一过程在本质上就是人实现全面发展的道路。

在构思未来社会的理论中，马克思对人的全面发展特别强调了工作职能的自由变化。通过深入研究大规模机械生产，他坚信大工业的核心特性导致了劳动方式的改变、职能的轮换以及工人的全面流动。这种工作职能的变化确保了个体不再受到特定活动的束缚，使他们能够在各个领域中自由发展。这种方式有助于防止个体仅仅在特定社会角色或活动中僵化，从而避免某些能力的过度强调。在这种模式下，个体可以灵活适应社会的各种需求，将多样的社会工作职能视为可交替的生活方式，确保充分发挥每一种才能。这不仅强调了劳动的独立性，还展示了个体的自由和全面发展。

此外，人的全面发展是一个不断演化的历史概念，不是要求每个人都拥有无

---

① 陈金明．人的全面发展的价值承诺与当代形态[J]．山西高等学校社会科学学报,2004 (11)：17—20．

所不能的能力，而是指各种基本能力和品质都能得到完善培养和持续提高。应该鼓励每个社会成员探索和发挥自己的潜力，反对把个体仅仅视为劳动力的看法，并支持个体在体育、艺术以及其他领域展现创造才能。现代科学已经证实，人的才能是一个复杂的系统，包括遗传和环境因素、身体和智力、潜力和实际能力，以及与物质和精神生产相关的能力等。在这个综合系统中，人的全面发展主要指的是身体、智力以及求真、求善和审美的全面覆盖和自由发展。

马克思有关人的自由全面发展的理论本质上是对现代社会发展的理解，它鼓励在科学和价值观、理想和现实、理论和实践之间实现更深层次的交融，以进一步拓展对人的自由全面发展的理解。这一理论不仅是未来理想社会的核心价值观，还体现了价值追求与科学理解的和谐统一。

人的全面发展有两个层面的解读：首先，作为社会的终极目标和核心价值的理想层面；其次，在现实中作为党的政策和方针的价值导向。这种发展反映了理想和现实之间的和谐统一。

四、推动大学生全面发展的路径选择

促进人类全面进步，彰显了马克思主义在建构社会主义新秩序中的核心理念。为当前高校学子提供广泛的发展机会和健全的成长环境，正是高校“三全育人”策略的深层内涵。在新时代的挑战和机遇面前，高校“三全育人”战略应坚守以大学生全面成长为首要目标，致力于实施高水平素质教育。核心思想是提升大学生思想道德水准，全面强化他们各方面的技能，确保他们掌握人生智慧、追求知识，并具备实践能力。进一步的方向包括加强通识教育，注重提升人的精神境界，不断提高人的精神生活品质。考虑到人性的多元和广泛需求，人类的发展显然包括多个领域，这也意味着人类发展是一条追求全面自由的不断前进之路。在马克思与恩格斯构想的未来社会中，人的全面发展被视为核心特征。

（一）深入进行素质教育

为了更进一步促进高校学子的全面发展，素质教育被普遍视为一种核心的教育范式。其主旨在于促进个体在道德、智力、体育、艺术等各个领域的全面发展，同时重视提升其自主性、实践能力、主动性以及创造性等素质。1997 年 10 月 29 日，《关于当前积极推进中小学实施素质教育的若干意见》由原国家教育委员会发布，其中对素质教育进行了明确的定义：“素质教育是以提高民族素质为宗旨的教育。它是依据《中华人民共和国教育法》规定的国家教育方针，着眼于受教育者及社会长远发展的要求，以面向全体学生、全面提高学生的基本素质为根本宗旨，以注重培养受教育者的态度、能力，促进他们在德智体等方面生动、活泼、主动地发展为基本特征的教育。”这一定义明确地诠释了素质教育的深刻内涵。素质教育有助于确保个体的全面发展，为其提供坚实的知识基础、物质支持和强大的内在激励。素质教育旨在实现学生的全面发展，使其不仅在学术领域表现出色，还能在其他方面展现出独立性、自主性、实践性、主动性和创造性等优质品质。这一教育模式对于塑造有社会责任感的学生，激发他们的创新潜力，增强实际应用能力以及提高综合素质具有积极意义。

高校应当坚守素质教育的原则，全面深入地推行“三全育人”教育模式。这种方法重视提升大学生的人文素养、学术修养以及实践能力，以此增强他们的实际操作技能。在当前的环境下，由于科学技术的高度融合和学科交叉的不断增加，这自然而然地增加了对大学生综合素质和创新能力的需求。作为未来社会的主要推动力量，年轻的大学生应该根据社会对未来人才的期望，提前提升自己的创新能力，并提升社会所需的多维素质。

高校应该将“三全育人”教育的实施作为深化素质教育的契机，以提高大学生思想道德品质为核心目标，全方位促进大学生综合素质和创新能力的不断提升。

（二）坚持科学精神和人文精神教育的统一

人文精神和科学精神就如同车辆的前后两个轮子，或者鸟类的左右翅膀，它们之间紧密相连。科学精神致力于追寻真实和客观事实的探索，而人文精神则追求道德善良和美的高境界。从本体论的角度看，科学精神和技术提供了人文学科不可或缺的坚实物质基础和实际验证支持；而从价值论的视角来看，人文精神和相关理论为科学技术的发展提供了深刻的思想指导和理论方向。

在这个优质的学习环境中，大学生得以追求真理，通过科学方法探寻事实，这有助于培养他们的批判性思维和理性思考能力。与此同时，人文精神的培养也是至关重要的，它鼓励学生们追求道德的善良，关注社会和人类价值观。这两种精神在高校教育中相辅相成，为学生提供了全面的教育体验。总之，高校教育的目标是在追求真理、秉持善良、追求完美的基础上培养学生，使他们既具备科学精神的理性和实证能力，又拥有人文精神的道德观念和美学素养。这两者之间的互补关系不仅提升了学生的综合素质，还为他们未来的职业生涯和社会参与提供了坚实的基础。

如果大学生仅仅具有科学精神，仅仅掌握科技知识，而欠缺人文精神和人文素质，也有可能走上违法犯罪的道路，那些所谓的高科技犯罪、网络黑客的扭曲行为就是例证。

高校的“三全育人”计划应确保将人文精神教育与科学精神教育有机融合并取得和谐统一。强调人文精神教育的核心地位，将大学生沉浸在丰富的社会文化背景中，从而唤醒其深藏的精神潜力，帮助他们应对心理挑战。此外，应采用目的性理性与价值性理性来引导工具性理性与科学性理性。“三全育人”计划必须与大学生的日常学习生活紧密结合。学习不仅仅是学生的精神追求，也是他们的生命实践，是他们精神及道德的提升。此计划还需要包括美育与情感培养。与此同时，科学精神教育也应受到重视，使大学生掌握学习技能。综上所述，高校的“三全育人”计划旨在促进大学生的人文精神与科学精神培养，为他们创造一个追求真理、秉持善良、追求完美的良好学习环境。

（三）积极推进通识教育

在当今社会背景下，随着生活水平的显著提升，人们对精神层面的需求逐渐凸显。寻求生命的真正价值和意义，以及构筑个人的心灵家园，已成为人们的追求目标。

观察国内形势，自改革开放以来，随着社会主义市场经济体制的进一步确立和完善，我国的社会经济构成、组织结构、职业路径、利益格局以及资源分配方式呈现出复杂性。这也导致了思维的多样性、独立性、选择性和差异性进一步增强。然而，一部分高校学子面临着一系列问题，如政治信仰摇摆不定、价值观模糊、社会责任感不足、团结协作意识不强、心理承受能力有限等。

再从国际视角来看，随着不同文化的交汇，高校学子思维中涌现出文化多元性、价值观冲突、伦理标准的不一致以及生活方式的多样化，同时大量网络信息以飞速传播。

综上所述，一些高校学生确实在精神领域面临挑战，如精神空虚、信仰危机和道德沦丧。这些现象都向社会传达了一个信息：构建完善的心灵世界和明确生命的真正价值对个体成长至关重要。心灵境界与个人全面发展密切相关。关注和培养人的心灵世界已成为全球历史进程的趋势和现代社会的期望。

通识教育的兴起和发展，在很大程度上是因为其对学生内在精神世界和生命意义的关切。这种教育强调基础知识、核心价值观和基本技能的掌握，并旨在为学生的未来奠定坚实基础。高校的“三全育人”理念应更深入地实践通识教育的核心理念，特别是在新的社会背景下，应更加重视大学生的精神需求，协助他们构筑充实的内心世界，明确生命的方向和目标，为他们的全面成长提供必要的心灵、智慧和思想支持。

社会主义社会是一个开放的社会。开放发展、持续发展、协调发展和全面发展是社会主义社会的本质要求。开放是相对于封闭而言的，只有开放才能促进持续发展和全面发展。社会的全面发展并不是单向性的，而是双向性的，即包括个体人的全面发展和人类社会的全面发展。个体人的全面发展和人类社会的全面发展是一致的，两者是辩证统一的。

第三节　关于灌输社会主义意识的理论

德国社会民主主义活动家考茨基率先引入了“灌输”这一理念。当他探讨奥地利社会民主党的新纲领草案时，他提出社会主义觉悟并非无产阶级阶级斗争的自然结果，而是一个需要外部传递的观念。随后，基于革命斗争的实际情境，列宁进一步确立并完善了考茨基的这一观点，为灌输理论奠定了基础。

一、关于灌输社会主义意识的理论概述

在马克思主义经典作家中，首次明确提出“灌输”概念的是恩格斯，而第一次提出灌输理论并进行系统研究的是列宁。

在19世纪末到20世纪初，列宁在与工联主义和“经济派”的辩论中详细探讨了灌输原则。他特别强调，轻视无产阶级政党，过度推崇工人运动的自发性，以及与社会主义思想体系的隔离，都会导致资产阶级思想的巩固。因此，列宁反对过分强调工人运动的自发性，主张将社会主义思想和观点传递给工人阶级。他指出：“工人本来也不可能有社会民主主义的意识，这种意识只能从外面灌输进去。各国的历史都证明——工人阶级单靠自己本身的力量，只能形成工联主义的意识……”[①] 这里的“从外面灌输”主要包含两层含义：一是指“从经济斗争范围外面”向工人灌输他们原来不了解和没有掌握的先进思想、先进意识；二是指从工人同厂主的关系范围外面灌输给工人阶级意识、远大理想，指导工人从政治角度去认识无产阶级与资产阶级对立的性质，明确无产阶级的历史使命。在我国，毛泽

① 王继才．中学生思想政治教育中的“灌输理论”新探[J]．学校党建与思想教育（下半月），2003（6）：29—30．

东在1938年5月完成的《论持久战》一文中，用了“贯注”一词；1955年在《中国农村的社会主义高潮》一书的按语中，进一步展开阐述了“政治工作的基本任务是向农民群众不断地灌输社会主义思想”。马克思主义经典作家在探讨灌输理论时一致认为，受历史背景、时代特点和个人因素的影响，人们不太可能主动形成科学社会主义思想，因此需要外部引导以提升他们的觉悟。所谓的“灌输”就是基于马克思主义的立场、观点和方法来进行宣传、教育和组织群众，旨在使其深入人心，变成群众自发行为的一部分，而不仅仅是一种简单的手段。

接着，列宁又指出科学社会主义学说产生的过程，说：“社会主义学说则是在由无产阶级的有教养的人即知识分子创造的哲学、历史和经济的理论中成长起来的。”“俄国社会民主主义的理论学说也是不完全依赖于工人运动的自发增长而产生的，它的产生是革命的社会主义知识分子的思想发展的自然和当然的结果。”[①] 列宁对“从外面灌输”社会主义意识的论述主要涵盖四点。首先，自发的工人阶级行动并不能直接催生社会主义，而只能孕育出工联主义。其次，社会主义理论是由知识渊博的革命分子总结经验，并借鉴了哲学、历史和经济学的思考而创立的。再次，引导工人阶级接受社会主义思想是必要的，这样他们才能够了解这一学科。最后，为了提升工人阶级的认知水平，使他们能够从政治角度看待无产阶级与资产阶级之间的对立，认识到推翻资本主义、建立社会主义是历史赋予的任务。列宁所强调的“灌输”并非仅仅指外部的灌输，更是要引导工人掌握科学的世界观与方法论，从更高的维度审视社会主义理论。

二、关于灌输社会主义意识的理论的注意事项

（一）灌输与自我教育相结合

马克思主义认为，必须将灌输与自我教育结合起来。灌输与尊重人民群众的历史首创精神是一致的。灌输先进的社会意识的过程也是工人阶级自我教育的过程。灌输并不等于将社会主义思想硬塞进人的头脑。1886年和1887年，恩格斯两次写信给威士涅威茨基夫人，告诫在美国工人运动中的德国工人阶级先锋队，不应将革命理论当作绝对的教条强行传授给美国工人阶级。他说：“我们的理论是发展着的理论，而不是必须背得烂熟并机械地加以重复的教条。愈少从外面把这种理论硬灌输给美国人，而愈多由他们通过自己亲身的经验（在德国人的帮助下）

① 张凤羽，吕元礼．关于灌输教育问题的思考[J]．长白学刊，1990（1）：41—44.

去检验它，它就愈会深入他们的心坎。”因此，灌输并不仅仅是一种方法，它还代表了自我教育的一种形式。在特定的环境下，灌输应该帮助个体运用自身的经验来理解和掌握革命理论。

（二）灌输理论与人民群众在历史发展中的主体作用相统一

马克思主义既强调向人民群众灌输先进思想的必要性，又充分肯定人民群众在发展社会和发展自身中的主体性，并将两者密切结合起来。列宁曾指出：“马克思主义和其他一切社会主义理论不同。它既能以更加科学的冷静的态度去分析客观形势和进化的客观进程，同时又能非常坚决地肯定群众的革命毅力、革命创造力、革命首创精神，并且把这两方面卓越地结合起来。”[①] 人民群众是创造世界和完善自身的主体，但是，也有必要接受教育和指导，这是两个不可分割的方面。在实际斗争和“三全育人”工作中，教育者必须充分发挥受教育者改造世界和完善自身的“革命毅力、革命创造力、革命首创精神”。同时，也必须尽到自己的教育和指导职责。社会主义制度的建立为丰富和完善“灌输”理论创造了充分条件，我们有责任在“三全育人”工作实践中，进一步丰富它、发展它、完善它。

三、新的历史条件下关于灌输社会主义意识的理论

随着改革开放和市场经济的不断演进，人才培养和个性化发展的重要性逐渐凸显，并逐步成为“三全育人”战略的核心议题。然而，值得关注的是，有些观点在强调培养能力和个性时，却忽视了逐步传授社会规范的必要性。

对于今天来说，马克思主义经典作家对灌输理论进行系统论述的时代特征早已不复存在，而教育对象的思想特点也发生了很大变化。

受传统教育观念的影响，“三全育人”往往被简化为对大学生进行政治、思想和道德规范的灌输，而忽略了培养他们的个性和能力。这种单一的教育模式导致大学生仅仅成为规范的被动接受者，从而在培养过程中形成缺乏个性和创造性的模式化形象。

实践证明，灌输理论是“三全育人”的基本原理，这一点不容轻视和动摇。首先，从所灌输的理论来看，真理理应需要大张旗鼓、不遗余力地去宣传。同时，马克思主义的科学世界观和方法论也不可能自发产生，不可能不学而知、不教而

① 汪华岳．历史主体与中国特色：“建设有中国特色的社会主义”理论思考之五[J]．教学与研究，1992（5）：16–21．

会。其次，从理论灌输的环境来看，面对各种利益关系的调整，人们的思想也呈现出多样化趋势，马克思主义只有不断地灌输，才能抢占意识形态领域的阵地，使其理论形态转化为人们的思想观念，并最终转化为指导实践的物质力量。最后，从理论灌输的对象来看，尽管在当前我国改革开放的关键时期，人们的思想主流是好的，但也有一些丑恶现象严重侵蚀着人们的心灵。另外，广大青少年正处于世界观、人生观的形成期，可塑性强。

因此，积极的理论教育和传授仍然不可或缺。实际上，在各种社会形态中，理论教育都得到广泛采纳，不仅在社会主义国家如此，非社会主义国家也同样高度重视。在任何特定的社会背景下，统治者都特别关注意识形态领域，致力于向所有社会成员传授其政治思想。正如美国政治学家奥勒姆所说的：“任何社会为了生存下来必须成功地向社会成员灌输适合于维护其制度的思想”。①

准确地说，社会规范的传授与个体的个性发展之间存在着密切的联系。首要因素在于，完备的思想政治品质构建应当将社会规范与个体特质能力相融合，这被视为“三全育人”战略的不可或缺要素。更进一步地阐释，人类是既有普遍性又有独特性的生命体，大学生的成长不仅涵盖了思想道德的雕琢，也包含了社会化和个性化的相互融合。假如缺乏社会适应力，大学生将难以适应复杂多变的社会环境；反之，若缺乏独特性，他们也将难以成为富有创造性的独立主体。因此，在教育策略的制定中，应当平衡考虑社会规范的传授与个性的培养，以确保这两者在教育过程中都能得到充分的发展。

在当今“三全育人”遇到新的课题和挑战的条件下，坚持灌输理论，就必须讲究原则和方法，以重建“灌输”理论，增强“三全育人”实效性。重点应从如下几个方面着手：第一，提高灌输主体的综合素质，增强“三全育人”主体的能动性；第二，重视灌输客体的能动性，遵循“三全育人”的内化规律；第三，精选灌输内容，增强“三全育人”的时代感；第四，坚持全程和全方位的灌输机制，增强“三全育人”的渗透力；第五，改进灌输方式，由过去的单向灌输向双向交流转变、由单纯说教方式向耐心教育与解决实际问题并重方式转变、由落后简单的传统灌输手段向具有更高科技含量的现代灌输手段转变，以增强“三全育人”的针对性。另外，还要优化灌输环境。

① 奥勒姆．政治社会学导论[M]．上海：上海人民出版社，2006．

第四节　社会主义精神文明建设的理论

人类社会的发展历程，既是物质文明的发展史，也是精神文明的建设史。马克思主义经典作家尽管没有明确提出社会主义精神文明这一概念，但是研究了人类文明产生和发展的规律，阐述了与精神文明相关的一系列理论问题。以马克思主义为指导的中国共产党人，在领导中国人民进行革命、建设、改革的过程中，始终关注精神文明建设问题。

一、社会主义精神文明建设的理论概述

马克思主义是关于自然界、人类社会和思维发展的普遍真理，它贯穿于社会主义精神文明的各个领域和各个方面，并极广泛地体现在社会主义精神文明的产品之中。因此，马克思主义的创立，标志着社会主义精神文明理论的形成。

毛泽东明确提出了新民主主义文化建设理论和开展社会主义教育的思想；邓小平在改革开放和现代化建设的实践中，不断总结历史经验，形成了社会主义精神文明及其建设理论，并在随后的实践中被江泽民、胡锦涛、习近平等继承和发展。总的来说，社会主义精神文明建设理论的内容集中体现为社会主义精神文明是社会主义社会的重要特征和社会主义制度优越性的重要体现；社会主义精神文明建设的目的和任务是提高全民族的思想道德素质和科学文化素质，培养“四有”公民；社会主义精神文明建设的方法是坚持“两手抓、两手都要硬”等。

自党的十一届三中全会之后，中国共产党提出了精神文明建设的理论。1979年邓小平明确指出：“我们的国家已经进入社会主义现代化建设的新时期。我们要在大幅度提高社会生产力的同时，改革和完善社会主义的经济制度和政治制度，发展高度的社会主义民主和完备的社会主义法制。我们要在建设高度物质文明的同时，提高全民族的科学文化水平，发展高尚的丰富多彩的文化生活，建设高度的社会主义精神文明。”①

深化社会主义精神文明建设的理论体系，将其并列于高水平的物质文明建设，进一步凸显中国共产党在马克思主义理论体系中的独特地位。这一举措不仅是中

① 阮玲．党员干部，要争当“四有”新人：学习《邓选》关于社会主义精神文明建设的理论[J]．南宁职业大学学报，1995（2）：50–51．

国共产党对社会主义现代化建设的明智部署，也是邓小平理论的重要组成部分，具有深远的历史意义。

在社会主义建设过程中，不仅要追求物质繁荣和经济发展，更要注重培育和提升国民的精神风貌和文明素养。这就是社会主义精神文明建设的核心理念。中国共产党的领导者们深刻认识到，单纯追求物质繁荣而忽视精神文明建设，将难以实现社会主义事业的全面发展和长期稳定。因此，将精神文明建设与物质文明建设同等看待，被视为中国特色社会主义的重要特点之一。社会主义精神文明建设强调培养人民的思想道德观念，推崇社会主义核心价值观，倡导道德伦理，强化文化传承与创新，提高文化艺术水平，促进国民精神风貌的崇高升华。这一方面有助于塑造国民的文明素养和行为规范，另一方面也有助于增强国家文化软实力，提升国际竞争力。与此同时，高水平的物质文明建设侧重于经济发展和社会进步。这包括了工业化、信息化、城镇化等各个方面的发展，使人们的生活水平得以明显提升。物质文明建设与精神文明建设相辅相成，共同构建了中国特色社会主义现代化建设的双重支柱。中国共产党的领导在将社会主义精神文明建设与高水平的物质文明建设并列为双重目标方面，彰显了其坚定不移地坚持和发展马克思主义的决心。这一理论贡献不仅在国内推动了社会主义事业的全面发展，也在国际上树立了中国共产党是一个具有坚定信仰的政党的崇高形象。这正是邓小平理论的关键组成部分，也是中国特色社会主义的基本特点之一。

二、社会主义精神文明建设与物质文明建设的关系

人类文明包含着物质文明与精神文明两个方面。人类文明发展的历史就是物质文明与精神文明共同发展的历史。

精神文明反映了人们认识和改造自身的能力，是社会精神生产力发展水平的标志。社会主义精神文明是对社会主义物质文明的反映，是社会主义发展对人们思想道德素质和科学文化素质的必然要求，在精神方面体现了社会主义文化的质的规定性。

物质文明反映了人们认识和改造自然的能力，是社会物质生产力发展水平的标志。它们统一于人类认识世界和改造世界的社会实践过程之中，表现于人类社会生活的方方面面。社会主义物质文明为社会主义精神文明的形成和进步提供了关键的物质条件和宝贵经验，是社会主义发展对于生产力发展和经济发展的必然要求，在物质方面体现了社会主义文化的质的规定性。社会主义物质文明和社会

主义精神文明相互依存：前者提供了基础，而后者则赋予前者智慧与方向，以及精神动力。

物质文明与精神文明的共同繁荣推动了人类社会的持续进步。社会主义物质文明与社会主义精神文明是辩证统一关系。二者之间是互相依存、互相渗透、互相支持、互相促进、互相制约、互为条件、不可分割、不可偏废的。

深入学习和掌握马克思主义精神文明建设的理论，对进一步完善高校“三全育人”工作理论和实践，搞好新形势下社会主义精神文明建设均具有重要意义。

三、深入学习社会主义精神文明建设的理论

高校“三全育人”工作是精神文明建设的基本措施，是两个文明建设的基本保证。在21世纪，要继续发挥高校“三全育人”工作的优良传统和政治优势，用强有力的“三全育人”工作，推动和促进精神文明建设的各项任务的落实。深入学习和领会马克思主义精神文明建设理论，应掌握好以下几方面内容。

第一，必须坚持马克思主义的指导思想，致力于提高大学生的思想道德素养。马克思列宁主义、毛泽东思想、邓小平理论、“三个代表”重要思想、科学发展观、习近平新时代中国特色社会主义思想等都为社会主义精神文明建设提供了指导原则。在这一指导思想下，应强化大学生的思想道德建设，广泛宣传马克思主义以及党的基本路线，特别是用邓小平理论装备全体党员和民众，鼓励大家坚定对具有中国特色的社会主义的信仰，确立科学的世界观和价值观。进一步，应加强社会主义核心价值观的传播，促进社会主义、共产主义道德教育，不断提升大学生的思想道德品质。

第二，要努力培养具备“四有”特质的公民，即具有“有理想、有道德、有文化、有纪律”的素养，这是社会主义精神文明建设的一个关键任务。这四个特质准确反映了社会主义对社会成员在经济、政治和文化各个方面的全面期望。培养“四有”公民必将大大提高当代大学生的思想道德素质和科学文化素质，推进我国社会主义现代化事业的发展。当代高校“三全育人”工作一定要深入贯彻社会主义共同理想教育和党的基本路线教育，实现以思想道德修养、民主法制观念为主要内容的大学生素质的显著提高，使全体教职工和大学生达到“四有”的要求。

第三，促进教育科学文化事业的发展，努力提高全民族的科学文化素质。社会主义教育科学文化事业的内容十分广泛，包括教育、科学、文学艺术、新闻出

版、广播影视、哲学、社会科学等。其中，文学艺术、新闻出版、广播影视、哲学、社会科学等是重要内容，教育和科学是基础工程。教育、科学、文化事业是社会主义精神文明的载体，是综合国力的重要标志，是社会主义现代化建设事业的重要组成部分。发展教育、科学、文化事业，是提高全民族的科学文化素质的基本途径。高校“三全育人”工作要为发展教育、科学、文化事业，提高全民族科学文化素质提供思想保证和精神动力。为此，要努力提高各级领导和全体人民对发展教育、科学、文化事业的认识；坚持文化为人民服务、为社会主义事业服务，贯彻“双百”方针；坚持团结稳定鼓劲的舆论导向，提高舆论的正面宣传效果；引导人们在继承和发扬民族优秀文化和革命文化传统的基础上，积极吸收世界优秀文化成果。同时，坚决抵制各种腐朽思想文化的侵蚀，通过调动有关方面的积极因素，创造良好的社会思想文化环境。

高校“三全育人”是精神文明建设的一项基础性工作，是搞好物质文明、政治文明建设的基本保证。因此，在新形势下必须以社会主义精神文明建设理论为指导，全面推进“三全育人”，以促进精神文明建设的各项任务的完成。

第三章　高校“三全育人”体系建设

育人是一个长期的工程，其贯穿于学生的学习、成长以及成才的全过程。党和政府高度重视发挥高校作为思想政治教育主阵地的功能，不断聚焦于育人环节的全过程，创新推动新时代高校思政“三全育人”格局体系的科学建构。在实践层面不断总结经验，探索新型的育人模式。在理论层面，学界对于“三全育人”的新成果不断涌现，收获颇丰。高校育人是一项系统的工程，需要各方力量不断参与并积极配合，只有这样，才能形成一股育人合力。因此，在中国特色社会主义新时代，高校应当不断创新，扎实推动“三全育人格局体系”的构建。本章为高校“三全育人”体系建设，内容包括高校“三全育人”思想政治教育工作者工作机制与体系建设、高校“三全育人”资助育人机制与体系建设、高校“三全育人”联动机制与体系建设。

第一节　高校“三全育人”思想政治教育工作者工作机制与体系建设

一、思想政治教育工作者的任务和职责

思想政治教育工作者在学生的思想政治教育中起到关键作用，他们全心全意地负责学生的思想教育和行为管理，这也是教师团队的核心部分。他们在大学期间，是每个学生的思想、学习和生活的指导者，肩负着协助学生发展、成长、实现梦想的巨大使命。新的形势对思想政治教育工作者的定位提出了新的要求，思想政治教育工作者队伍的改革和完善变得更加必要。思想政治教育工作者的基本任务是按照党的教育方针用马克思列宁主义、毛泽东思想、邓小平理论、“三个代表”重要思想、科学发展观、习近平新时代中国特色社会主义思想教育大学生，把本系、班培养成为积极向上、勤奋学习、热爱劳动、团结友爱的坚强集体，全面关心学生在德智体诸方面的发展。

具体说，思想政治教育工作者的思想政治工作职责如下。

①以马克思主义的世界观和方法论教育学生，使他们提高正确认识问题、处理问题的能力，激励他们热爱国家，树立为社会主义现代化建设献身的远大理想。

②对学生进行思想道德教育，使学生增强集体主义观念，培养高尚的革命情操，养成良好的文明道德习惯。

③教育学生为实现社会主义现代化努力学习，培养学生顽强的学习精神和积极进取、刻苦钻研的学习态度，使其产生浓厚的学习兴趣和强烈的求知欲望，指导学生改进学习方法，帮助学生努力完成学习任务。

④组织学生参加劳动，进行劳动教育，教育学生遵守劳动纪律，培养劳动观念和尊重、热爱劳动人民的思想感情，端正劳动态度，养成劳动习惯和艰苦朴素的美德，爱护劳动成果。

⑤对学生的日常生活保持关注，了解他们在生活上的困难、需求，并能够及时向学校相关机构汇报，同时配合完成辅助性工作。指导学生课外活动，与有关部门和人员积极配合，开展有意义的课外活动，使学生在丰富多彩的活动中健康成长。

为了完成以上职责，思想政治教育工作者必须不断地提高自己的思想政治觉悟、业务水平和工作能力，提升自身的思想品德修养、文化修养，对系、班级工作有热情和高度的政治责任感，实事求是，以身作则，热爱学生。同时，高等学校的领导也要重视思想政治教育工作者的选派工作，要选派那些忠诚于党的教育事业，思想政治觉悟高，道德品质好，热爱学生，能认真执行党的教育方针，思想工作能力强，教学经验丰富的教师担任思想政治教育工作者，以充分发挥思想政治教育工作者在培养德、智、体全面发展的新人中的重要作用。

二、思想政治教育工作者在高校“三全育人”中的定位

思想政治教育工作者是高校“三全育人”的实践者和操作者，在高校“三全育人”中发挥着特殊的作用。

（一）日常“三全育人”的实施者和承担者

日常“三全育人”是高校“三全育人”的主阵地，思想政治教育工作者始终在这个主阵地上坚守岗位，发挥作用。思想政治教育工作者通过召集学生开会、组织开展学生活动，贯彻学校党委的布置，关心学生的日常学习、生活、心理健康、情感、就业等，深入学生学习、生活各个方面，扎根于学生之中。思想政治

教育工作者通过各种各样的方式、随时随地对大学生进行“三全育人”，不断引导大学生树立正确的世界观、人生观、价值观，形成良好的校风、班风、学风，促进学生全面发展。从这个意义上讲，相比学校其他人员，思想政治教育工作者与学生的接触更多、更广、更深入。

（二）高校“三全育人”的桥梁和纽带

在高校“三全育人”工作系统中，思想政治教育工作者是上下级沟通联系的桥梁和纽带，发挥着重要的协调作用。思想政治教育工作者要落实党委的部署，把管理的规章制度贯彻到学生工作中，把全局工作的安排和上级领导的要求落实到年级、班级、党团小组、学生园区、学生寝室、社团中，把党和政府、学校对大学生的关心传送到学生中。同时，思想政治教育工作者要及时把握学生的思想状况，为学校“三全育人”工作和人才培养工作决策提供准确的参考信息。思想政治教育工作者通过主动了解学生学习、生活等方面的困难和要求，向院系和学校积极提出建设性意见；通过研究总结“三全育人”在基层落实开展的新鲜经验和先进典型，对全校产生示范作用。

（三）营造健康校园环境的主要力量

校园文化对于构建良好的校园环境至关重要，其健康的发展方式对于学生的成长有着深远的影响。思想政治教育工作者可以通过举办各种富有创意、积极进取的学术、科技、体育、艺术及娱乐活动，将道德教育、智力教育、体育教育、审美教育融为一体，将教育融入文化活动中。同时，他们也可以利用传统节日、重大事件、开学典礼、毕业典礼等，进行独特、吸引人的主题教育。我们要坚决反对任何不健康的文化和陈旧的生活习惯，塑造出具有社会主义精神、时代特性以及学校风貌的校园文化，并营造出良好的学习、教育和学习环境。另外，班级不仅是学校运营的根本单元，同时也构成了校园氛围的关键元素。思想政治教育工作者作为学生的指导者和协调者，对于班级的各项事务都有着全方位的责任，并且在优秀的班级文化、学习氛围的塑造上扮演着主导性的角色。思想政治教育工作者在学校各项任务的执行以及班级的常规管理等方面发挥着重要的作用，同时，在塑造良好的校园氛围方面也起着至关重要的作用。

三、高校“三全育人”思想政治教育工作者工作机制

在本质上，机制是指机器在运行过程中各个部件之间的互动、相互联系的因果关系和运作模式。建立机制是一项全方位的系统性工程，覆盖面广泛。根据大学生的思维行为特性和高等教育的目标，大学生思想政治教育工作者的育人工作机制主要涵盖以下几点。

（一）沟通机制

首先，我们需要实施一个贯穿四年大学生活动的常态化信息交流机制，每个学期，思想政治教育工作者至少需要主导一次由他们参与的工作研讨会。同时，我们还需要重视新媒体的作用，建立思想政治教育工作者微信群，及时分享信息。其次，我们需要分享关于学生的全面信息，以便更好地了解他们的需求和想法。思想政治教育工作者应实时掌握学生的奖惩状况、心理健康状况以及志愿服务参与情况等相关信息。

（二）动力机制

动力机制是确保思想政治教育工作者工作流程能够持续顺畅进行的关键因素。目前，我国已经建立了相对完善的思想政治教育工作者工作动力机制，例如举办了全国高校思想政治教育工作者年度人物评选和全国高校思想政治教育工作者职业能力大赛，许多省市和高校也采取了类似的推动策略。

（三）运行机制

在“三全育人”思想引领下，大学生思想政治教育工作者的职责不仅包括构建有效的信息交流系统，也需要构建健全的工作执行体系。思想政治教育工作者需要扩展他们的教育职责，提升教育的效率。因此，他们需要提高自我服务的意识，积极筹备毕业设计双选会等；同时，他们也需要充分利用校园文化活动的便捷性，组织学生参与主题班会、主题报告会以及基层党建活动。

（四）保障机制

保障机制的含义在于，为工作流程提供持久且稳定的心理关怀、实物支持以及规章制度等。思想政治教育工作者的职责牵扯到学校的众多部门，在推行过程中，往往会遭遇各类挑战，因此，必须构建一套坚实的保障体系。首先，领导层需要给予足够的重视，把思想政治教育工作者的职责纳入学校和学院的“全面教育”任务之内，并制订相应的保障政策和规章制度；其次，在实物方面，要大力支援，

为思想政治教育工作者的职责设立专用场所，并分配适当的活动资金。

四、高校“三全育人”思想政治教育工作者体系建设

（一）完善高校思想政治教育工作者选聘标准

优质的选聘工作是构建团队的基础，为了提高大学思想政治教育工作者的教育效果，我们需要对现有团队进行训练和提升，同时也要确保新加入的成员的素质和能力。因此，必须清楚地了解大学思想政治教育工作者的职位设定、任命规则、选拔方法等。首先，我们需要明确各个岗位的职责，并为每个班级设定一定的思想政治教育工作者人数。一般来说，每个思想政治教育工作者只需要负责一个班级的思想政治教育和管理工作。同时，我们也需要确定大学思想政治教育工作者的聘用期限和续聘方式，以确保学生的培养过程能够持续进行。其次，需要明确大学思想政治教育工作者的招聘范围，并且要持续优化这个范围，以确保院系教师能够对学生产生指导性的影响，并在高级职称评定过程中对思想政治教育工作者的任职标准进行优化。最后，要清晰地设定大学思想政治教育工作者的招聘条件，以“政治强、业务精、纪律严、作风正”为高标准来拔高招聘的要求，要将政治素养高、专业技能强的年轻教师选拔到思想政治教育工作者团队中。

我们倡导让学校的知名专家、学者以及各个层次的优秀教师兼任思想政治教育工作者和班主任，并鼓励他们利用学业指导中心等平台，为学生提供学业指导、创新教育等多元化的思想政治教育。

（二）完善高校思想政治教育工作者考评体系

对于大学思想政治教育工作者的评估，应以过程和目标为指导，以思想政治教育工作者评估体系为准则，对其工作流程进行评估。根据评估结果，为思想政治教育工作者提供津贴或荣誉称号。科学且合理的思想政治教育工作者评估体系不仅有助于思想政治教育工作者团队的建设，还能发挥出合理的引导和激励效果，从而提高大学思想政治教育工作者的教育积极性和教育效果。

首先，要充分利用大学教师管理组织、教学管理服务人员、学生以及教师等监督主体的影响力，确保思想政治教育工作者的信息公开透明，完善监督机制，让思想政治教育工作者的工作始终在学校和师生的监督之下，使他们的行为得到持续且有效的约束，从而提高思想政治教育工作者提升自我素质的意识。建立一个能让大学教师主动履行其职责的实际环境，强化教师的道德建设，塑造优秀的

大学教师道德风尚，推动大学教师道德水平的提升，以此来推动高等教育教学质量的提升，为全面建设小康社会培养高素质人才。

其次，为了保证每一位大学思想政治教育工作者都能遵守教育准则，学校应该加大对教师的评估力度，对思想政治教育工作者的评估体系进行优化，以确保评估能够发挥检查和促进的效果。同时，加强责任的执行，保证每一位思想政治教育工作者都能履行职责，保证每一位学生都能在优质环境中学习和生活。

（三）优化高校思想政治教育工作者激励体系

伴随着大学的持续深度发展，思想政治教育工作者团队的构成也日益完善，然而，大学思想政治教育工作者的人数及其品质仍然面临某些问题，需要改善大学思想政治教育工作者的奖惩制度。改善大学思想政治教育工作者的奖惩制度，不仅可以提高他们的活跃度，而且对于打造一支素养高、技术精湛的辅导团队至关重要，并且可以点燃他们的职业热忱。

激励机制是根据人的需求来构建的，鉴于人的需求呈现出多样性、多层次的特点，所以对思想政治教育工作者的激励也应当呈现出多样性和多层次的特点。首先，应该在物质和精神两个层面上激励思想政治教育工作者。一方面，对于那些承担辅导职责的教师，我们应该每个月给予适当的补贴。物质激励通常是最有效且最容易达成的，提高思想政治教育工作者的福利待遇，化解他们的投入与收益之间的冲突，不仅能使思想政治教育工作者感到安心，还能激发他们的积极性。另一方面，精神鼓励也是必不可少的，它能激发他们的工作潜力和兴趣。学生成长过程中获得的荣誉也能让他们感到满足和快乐，进而体验到思想政治教育工作者的工作价值和意义。其次，要把思想政治教育工作者的职责与教师的评估相结合，把他们的工作量纳入教师的评估中。此外，为了协助思想政治教育工作者持续提高自身的技能和素养，定期组织国内外的学习交流活动，以拓宽他们的视野，并为他们打造一个优秀的工作环境和气氛。在这种情况下，思想政治教育工作者的积极性和创新精神得以充分体现，同时他们的工作成果也会得到提高。我们会把思想政治教育工作者的工作表现纳入评估标准，并定期选出优秀的思想政治教育工作者，对于表现突出的思想政治教育工作者，我们会给予额外的奖励。这样做的目的是鼓励思想政治教育工作者在教育学生的过程中投入更多的时间和精力，以便他们能够高效地完成大学的教育任务。

对于大学思想政治教育工作者的激励机制进行优化，应当为他们设计发展路线，并提供有力的保障。学校应当积极支持青年教师，为他们提供平台和支持。

第一，需要对教师的考核工作进行系统性的规划，将思想政治教育工作者的工作纳入教师考核，调整工作量，建立完善的考核标准。第二，我们需要对教师进行有效的培训。学校和院系应该为年轻教师提供各种培训机会，以推动他们在科研、教学和人才培养等方面的发展。第三，在各大高校中，学生平均需要学习80门左右的课程，这是从“思政课程”向“课程思政”的转变。我们必须确保这些课程能够真正发挥其教育作用，并保证教师能够用深厚的知识影响学生，用崇高的品格塑造学生，用严格的规范要求学生。只有这样，“思政课程”和“课程思政”才能齐心协力、共同推动。

（四）建立高校思想政治教育工作者实践体系

为了提高思想政治教育工作者的教育效果，我们不仅需要建立理论模型，更需要将其付诸实践，特别是在实施思想政治教育工作者教育的过程中。如主题班会、实践项目、住宿活动、理论研讨等，这些都对提高思想政治教育工作者的个人能力和素养大有裨益，同时也能激发他们持续探索的热情。

首先，大学可以利用“大学生创新创业训练计划”，建立思想政治教育工作者与学生交流的平台，在项目指导过程中对学生产生影响。其次，可以安排思想政治教育工作者进行红色实践活动，通过“情境式”的现场教学，更深入地理解教育在各个历史阶段的重要性，更清晰地认识自我，提高教育工作的针对性。最后，通过安排思想政治教育工作者进行家访，将思想政治教育工作者与学生的家庭紧密联系起来。通过亲自参与学生的家庭生活，感受他们的成长环境，深入理解学生，找出他们成长过程中的问题，并有针对性地化解学生家庭教育、学校教育和社会环境之间的冲突。

第二节 高校“三全育人”资助育人机制与体系建设

一、当前高校资助育人的现状

近年来，我国持续增强对家庭经济困难学生的财政援助，通过多样化的援助方式，大大减轻了家庭经济困难学生的经济负担。许多学生在国家的资助政策下完成了学业，进入了工作岗位，并取得了显著的成绩。从这个角度看，我国的大学资助项目已经取得了显著的进步。

（一）高校资助工作的育人功能

高校资助活动不只是为了提供直接的经济援助和解决学生的实际问题，它还包含了丰富的教育资源，承担着关键的教育职责，具体的职责如下。

1. 精神激励功能

在大学期间，学习是大学生的首要职责，他们不仅需要掌握专业知识，还需要重视培养自己的社会实践技能。高等教育资助项目可以解决家庭经济困难的学生的学业问题，同时也能提高学生的学习积极性。

首先，国家奖学金、国家励志奖学金等奖励机制均具备心理鼓舞的作用，它们将为学业和人格双重出色的大学生提供更丰厚的援助，协助他们设定努力的方向，调整学习的心态，完成从“被迫学习”到“主动学习”的过渡。其次，“绿色通道”的政策为贫穷的学子敞开了大学的大门，使他们真正体验到党和国家的照顾，认识到受教育的艰辛，从而更加积极向上、刻苦钻研。最后，众多的社会援助使得他们深深体验到了社会的关爱，点燃了他们的奋斗热情。

2. 情感激发功能

高等教育资助项目为家庭经济困难的学生提供了实质性的帮助，使他们能够顺利地完成学业，解决了他们的实际问题。这样做不仅能增强大学生对党和国家的认同感，也能激发他们的感恩之情。

首先，我国高等教育资助体系的建立和完善，真实地展现了党和国家对家庭经济困难学生的关心和照顾。在阐述国家援助政策的过程中，我们需要让这项政策深入人心，使得学生和家长都能够理解这项政策的重要性，感受到党和国家对他们的关怀，从而提高他们对党和国家的认同感。其次，大学的援助工作也能激发学生的感恩之情。特别是思想政治教育工作者，他们与家庭经济困难的学生有着深厚的关系，对他们的心理特性和成长模式有着深入的理解。在进行日常工作时，他们会融入隐性的思想政治教育，这种影响是无形的。大部分家庭经济困难的学生都是通过国家的助学贷款或助学金来完成学业的，他们在接受资助的时候就会产生感恩之情，并且有着将来回馈社会的决心。因此，在日常的工作中，我们需要加强他们的这种心理。

3. 心理疏导功能

高校资助工作的心理疏导功能主要是为了提升学生的心理素质和提升他们的抵御挫折的能力。首先，大学生的心理状态相对较为活跃，他们的心理正在从无知逐渐变得成熟，在这个过程中，他们的心理特征往往是不稳定的，很容易受到外部环境的干扰。当你刚步入大学，你将要面对如何适应大学生活的挑战，同时也要处理学业压力、情绪等多重问题。毕业时，你将要做出多样化的选择，这可能导致你感到紧张和焦虑。特别是那些家境贫寒的学生，他们的心理状态往往相当敏锐，容易被外部环境的影响所左右。高等教育资助的主要对象是家庭经济困难的学生，在执行资助任务时，通过与他们的交流，我们能够精准地了解他们的心理状态和特性，从而有针对性地进行心理辅导。同时，学生在参加社团活动和勤工助学的过程中，都会与他人进行交流，这样可以帮助他们释放压力，学习如何处理人际关系，实现自我调整。接下来，大学的资助活动有助于提升学生的抵抗挫折的能力。一方面，这些资助活动能够指导学生正确应对挫折，引导他们理智地看待挫折，分析其原因。另一方面，当学生遭遇挫折时，大学的资助活动能够及时提供援助，帮助他们战胜挫折。例如，许多大学都提供临时困难援助，当学生遭遇突发事件时，他们可以向学校申请一定数额的临时困难援助，以缓解紧急情况。这样，学生就能感受到大学援助工作人员与他们同在，他们并非孤军奋战，从而提高学生面对挫折的信心和增强他们应对挫折的能力。

4. 能力培养功能

高校资助不仅具备能力培养的功能，还能有效地提升学生的各项技能。这主要体现在提升学生的实践技能和人际交往技巧上。首先，所有的大学都设有助学工作岗位，家庭经济困难的学生可以在这些岗位上将所学知识进行综合运用，从而提高他们的实践技能；其次，一些由家庭经济困难学生组成的社团，如爱心使者团等，他们在这些社团中能够很好地与同伴进行交流和沟通。他们的人际交往能力自然而然能得到提升。

（二）高校家庭经济困难学生的现状分析

1. 经济现状

在学习过程中，家庭经济状况较差的学生在生活费用上与其他经济状况较好的同学相比存在显著的差距，他们在日常生活中必须尽量减少一些无关紧要的开销。生活的困扰可能只是暂时的，但是在学习费用上的严重不足让许多家庭经济困难的学生错过了接受更多知识培训或提高自己就业竞争力的机会。在大学校园里，有许多学习知识的机会，然而，学习的费用常常是他们难以跨越的障碍。面对众多的学习课程和培训机构，许多家庭经济困难的学生只能选择退缩。

在入学阶段，家庭经济状况较差的学生在个人全面素质上与其他学生相比也存在一定的差距。他们大部分来自贫困家庭，经济状况较差，承受着巨大的生活压力，包括经济和心理压力。这使得他们难以快速适应城市和校园的生活方式，也无法与其他同学站在同一起跑线上。因此，在大学的学习生活中，由于家庭经济状况的影响，他们没有足够的资金来进行自我成长。有时候，由于心理原因，他们可能会自我封闭，难以妥善处理人际关系等问题，这些都对他们的发展造成了阻碍。

2．思想现状

目前，大学生中的家庭经济困难学生的思想状况总体上是积极向上的。然而，由于社会、家庭等多种因素的影响，当代大学生群体，特别是家庭经济困难学生群体，或多或少地存在一些消极的思想问题，例如主体意识薄弱、诚信意识不足、感恩意识不足等。

3．学业现状

大多数家境贫寒的学生坚信贫穷是他们学习的驱动力，拥有“自尊、自强、自信、自立”精神的学生占主导地位。他们能够正确看待问题，勇于面对困难，坚韧不拔，尽力学习，但也面临着许多挑战。

（1）学业压力过大

伴随着社会的进步，社会对于人才的需求日益增长，这也导致了大学生的学业压力逐渐增大。特别是那些家境贫寒的学生，他们的学业压力通常比一般的学生更大，他们在努力学习的过程中，还需要承受生活的重压。为了缓解家庭的经济压力，他们会选择在课后的时间里进行一些家教或者其他的勤工助学活动。他们为了获取奖学金，会投入更多的时间和精力在学业上，以提升自己的竞争优势。在劳动和学习之间，他们不断地进行着角逐，长期下来，许多家境贫寒的学生因此感到身心疲惫。

（2）基础薄弱，知识面窄

家庭经济状况较差的学生基础薄弱，知识面窄。他们在中学阶段的主要学习目标是应对高考，没有足够的时间和机会去接触新鲜事物。例如，他们在英语听说读写方面表现出色，但是他们的口语表达能力相对较弱。他们大部分来自经济、文化和教育相对落后的地区，这与他们的文化基础、教育环境、教育水平以及师资力量等方面的差距有着密切的联系。

（3）勤工助学挤占学习时间

为了缓解家庭经济压力，许多家庭经济困难的学生选择了参与勤工助学。然而，由于他们没有妥善处理好工作和学习的关系，经常陷入一种冲突之中。勤工助学在一定程度上对家庭经济困难学生的学业产生了影响，一些学生过度依赖勤工助学，导致他们的学业成绩一直无法提高，使得勤工助学变成了“误学”。

（4）综合素质有待提高

对于家庭经济困难的学生，他们的全面能力需要进一步提升。大多数这样的学生在气质、言谈、语言表达、人际交往和组织管理等方面都显得相对薄弱。他们大部分来自教育环境较差、教育资源匮乏的农村或其他贫困地区。在这些地方，学校和家长对学生的全面发展教育有所忽略，衡量孩子优劣的唯一标准就是考试分数。“掌握数理化知识，走遍世界都不怕”，音乐、美术、体育等“副科”的学习时间和精力被“语数外”这些“主科”所占据。学习如外语和计算机等科目的环境相对较差，导致素质教育的执行并未达到预期效果。一些贫困学生在进入大学之后，由于生活需求，不得不放弃提升个人技能的机会。雇主在招聘过程中，通常更看重他们的这些技能。缺乏全面的素养和技能已经变成了阻碍贫困学子发展的难题。

4．心理现状

作为大学生群体中一个独特的部分，家庭经济困难的学生在心理上承受着来自学业、社会环境和人际交往等多方面的压力。然而，一些表现出色的家庭经济困难学生能够通过自我调整，克服心理难题，将压力转化为动力，在学习和生活中不断提升自己的能力，努力塑造自己的优秀品质。他们在学校读书期间取得了显著的成绩，毕业后在职场上也取得了成功。然而，我们不能忽视各种负面心理状况的存在。如果不能及时察觉并提供指导，很可能会导致心理问题的产生，这对学生的身心健康发展是不利的。

（1）自尊与自卑两极分化

在大学生中，家庭经济困难的学生主要面临两种心理状态：自尊心过强和自卑。一些学生自尊心过强，而另一些学生则过于自卑，这在这个群体中造成了两极分化。这两种极端的心理状态都对他们的正常学习和与同学的交往产生了巨大的负面影响，对家庭经济困难学生的身心发展不利。

许多贫穷的学子出身于贫穷的乡村或偏僻的地域，教师短缺加上基本设备匮乏，使得实行全面的素质教育变得很艰难。这些孩子的整体品格并不完善，同时，他们的特长也未被完全挖掘。尽管他们从小就被迫接受考试式的教育，并且在学术上表现出色，然而在其他领域相对落后。他们害怕和陌生人交谈，害怕在人群密集的场所交谈，害怕参与学院的各种社团活动。在高中时期，他们一直表现得非常好，然而当他们步入大学，却意识到周围的同伴比他们更胜一筹，这使得他们的自尊感受到了冲击，从而产生了自我贬低的自卑心理。

（2）焦虑心理

由于家庭经济状况不容乐观，许多学生在日常生活中必须谨慎计划。他们的生活费用相对较低，仅能满足他们在校期间的基本生活需求。当参与一些同学的聚会或者其他团体活动时，他们需要频繁思考花费问题，许多学生因为经济压力而选择退出团体活动。随着时间的推移，同伴们会逐步与他们疏远，导致他们感到烦恼和焦虑。这种持续的焦虑状态对于他们的学业进步、个性塑造以及正确的人生观和价值观的形成都是有害的。

（3）长期抑郁导致自我封闭

一些家境贫寒的学生在进入大学后可能会出现抑郁症状，这是由多种原因引发的。首先，家庭经济困难。在他们上大学之前，他们虽与周围同学的家庭经济状况不同，但差距并不显著。当我们步入大学，周围的同学来自各个不同的地方，生活环境也各不相同。在与他们互动的过程中，我们会发现经济上的差距相当明显，这可能会导致我们的心理产生不平衡。其次，大部分家境贫寒的学生的心理状况相对较差，性格偏内向，对于社团活动的参与度并不高。

（4）虚荣、攀比心理

一些家境贫寒的学子无法以正确的态度应对贫富差距，过于追求虚荣和盲目竞争。还有一些学子不愿意成为援助者，当大学进行援助者的评选时，他们不希望别人了解到自己的家庭状况，也不愿意接受他人的援助。一些学子因为家境贫寒而感到自卑，担忧被他人发现并被轻视，因此常常选择隐藏自我。另一些学子因为看见其他同伴过着优越的生活，而内心产生失落，自尊心受损。出于追求虚荣，他们忽视了真实的自我状态，盲目地去跟别人竞争，更糟糕的是，一旦获得国家或学校提供的资助，就开始随便挥霍，大量消耗。

5. 就业现状

鉴于家境的影响，面临财政压力的学子更倾向于迅速承担起家庭的重担，以此来回馈父母。从整体来看，他们为了谋生，虽然热衷于选择职位，但有着就业环境严苛、职位要求高和职位不公正的忧虑。一些表现出色的学子有能力进行准确的职场选择，并依照个人状态寻求理想的职位。然而，大部分来自贫穷家庭的学子在求职过程中仍然面临着一些不同程度的挑战。

（1）就业总体处于弱势

目前，大学里的贫穷学子在寻找工作的过程中常常感到无助。由于求职的花销持续增长，这些贫穷的学子在寻找工作的过程中，必须思考求职开销。例如，有些学子可能碰上了好的就业机会，然而，前往应聘地点的交通和住宿费用相当昂贵，因此，他们只能选择放弃。由于职位竞争的体系并不健全，职位竞争过程中的不公平等问题十分常见。在寻找工作时，家庭经济状况较好的学生可以通过家庭成员的关系获得更多的机会，然而，家庭经济困难的学生在求职过程中必须依赖自己。另外，一些单位在招聘过程中存在着不公平的现象，如利用关系进行暗中操作等。这些就业不公平的状况导致了家庭经济困难的学生在求职过程中总是处于劣势地位。

（2）求职观念和求职倾向良莠不齐

由于长期面临经济压力，家庭经济困难的学生在价值观上出现了不均衡现象，这在他们的求职过程中导致了他们的求职观念和倾向的不一致。

大学是一个接纳各类思维和理念的前线，若未能建立正确的世界观和价值观，就极易被负面思想所左右。因为家庭经济状况的问题，大学里的贫困学生在成长的道路上可能会产生一些误解或者对社会的错误理解，再加上受到来自外部的各类思想的冲击，一些家境贫寒的学生的思维和价值观也开始出现一些转变。许多来自贫困家庭的学生，由于其家庭状况的限制，他们通常比那些家境较好的学生更注重实际效益。因此，当评估一件事物的价值时，他们通常更偏爱实际和实用的观点。家庭经济条件较差的学生，通常肩负着改变全家人生活轨迹的重任，他们进入大学的首要目标便是寻找优质的工作机会，以便尽早为家庭解决财务问题。因此，他们在寻找工作时，往往倾向于选择薪酬更高的职位，而对于工作环境、工作压力等因素的关注则相对较少。

（三）高校资助育人工作存在的问题

1．育人观念落后

目前，部分大学在开展资助工作时，过于重视对家庭经济困难学生的经济援助，却忽略了对这些学生的思想政治教育。长期以来，我国的大学资助工作一直存在着资助与人才培养的脱节问题，一些大学资助管理部门的主要职责仅限于发放资金，并未意识到通过资助来实现人才培养的目标，更不用说挖掘资助过程中的思想政治教育功能了。缺乏人文关怀的落后资助观念，会导致学生缺乏感恩和感激的情感。

2．育人主体局限

目前，主要负责对家庭经济困难学生进行思想政治教育的是高等教育机构。同时，一些慈善组织也积极承担社会责任，献出爱心，设立了助学金，以便为家庭经济困难的学生提供资金援助和实践机会。在大学里，主要负责资助育人的是资助工作人员，如资助管理部门的员工和思想政治教育工作者等，他们肩负着日常思想政治教育的关键任务。由于资助育人的工作具有持久性、复杂性和系统性，仅依赖少数公司或大学中的某个部门是不够的，需要广泛动员大部分力量参与其中。

3. 育人方式单一

在大学生群体中，家境贫寒的学生是一个独特的群体。他们既拥有一般大学生的共性，也有自己的独特之处。因此，当高等教育机构对这些家境贫寒的学生进行思想政治教育时，应根据他们的个别情况，采取有针对性的方法。现阶段，思想政治教育的主要途径之一便是理论课程，而其中的教育者主要是思想政治理论课的教师。然而，由于部分教师的专业知识水平有限，他们无法为家境贫寒的学生提供具体的思想政治教育，因此，其实际效果并不尽如人意。所以，大学在提供教育的过程中，应根据家境贫寒的学生的个性特征，进行个别化的教学，并且有目标地进行思想政治教育。

二、高校“三全育人”资助育人机制

（一）“三全育人”资助育人机制的基本内涵

“三全育人”的资助育人模式是一种融合了“三全育人”观念和大学资助育人任务的教育方式。它主张大学资助任务以“资助育人”为中心，让育人的理念渗透到整个资助任务的每一步。也就是说，在大学资助任务的总体框架下，所有的大学资助员工（包括其他员工）都要在资助任务的执行过程和学生的成长过程中，最大限度地挖掘出资助任务的思想政治教育效果，从而在思想层面上引领学生。在日常生活中关注学生，在技能训练中培养他们，在精神层面引导他们，以此提升他们的全方位素质，达到学生的全方位成长。

1. “三全育人”资助育人机制的构成要素

“三全育人”资助育人机制包括全员育人、全程育人、全方位育人，它们各自扮演着主要角色、横向和纵向的角色，并且这三者之间存在着密切的关联。

（1）资助育人主体要素

“三全育人”的资助育人机制的核心元素，即高等教育机构的所有教职员工，包括专职教师、资助者和后勤服务人员，其都应该主动地建立起育人的责任感和使命感，积极地参与到高校的资助育人工作中，挖掘他们在工作中的育人资源，实现“每个人都是育人者”的目标。在传统的教育援助任务中，教育援助的主体是大学的援助人员，其他的人员并不负责教育援助的任务，因此其主体的范围相对较小。

（2）资助育人横向维度

“三全育人”资助育人机制的纵向层面就是全程教育。全程教育涵盖两个阶段，也就是大学资助活动的进行和学生的成长发展。一方面，从资助活动的执行角度来看，我们需要重点关注资助活动的各个环节，挖掘其中的教育资源，使教育工作贯穿整个资助活动。从学生的发展视角来看，资助教育应该从新生入学一直持续到他们毕业离校。资助人员需要科学地分析大学家庭经济困难学生在“考生”“新生”“老生”和“毕业生”各个阶段的特性，真实地了解他们在每个阶段所遇到的问题，并准确掌握他们的身心发展规律，以实现精准的资助和教育。

（3）资助育人纵向维度

教育的全面性主要体现在对教师的支持以及对大学生整体进步的促进。教师的基础任务在于促进大学生的整体进步，所以，教育的全面性就是指以教师的基础任务为核心。在这个过程中，大学的教师支持任务需要采取多样化的手段，以明确的目标、策略性的方法来提升学生的各项技能。我们需要确保贫穷的学子们拥有坚固的专业知识，同时也需要他们拥有优秀的团队领导、沟通与配合、社会互动技巧，并且拥有健康的精神状态和崇高的道德风范。

2.“三全育人”资助育人机制各要素的关系

“三全育人”的资助教育体系是从系统理论的视角进行优化设计的一个教育体系。该体系中的三个元素各有其重点，在整个体系中扮演着不同的角色，但它们又相互关联，缺一不可。

（1）内在联系

“三全育人”的教育支持模式构成了一个三维的立体图像，其中，全员教育为教育支持的核心元素设定了一个立体的坐标；全程教育则为教育支持的时间界限设定了一个横向的维度，也就是坐标系中的一个横坐标；而全面教育则从纵向角度对教育支持的内容做出详细和全面的规划，这也是“三全育人”教育支持模式的纵向维度，也就是坐标系中的一个纵坐标。在“三全育人”的资助教育机制中，主体元素、纵向元素和横向元素各自构成了三个关键部分，如果缺失任何一个部分，这个机制就会显得不够全面。

（2）相互区别

尽管“三全育人”的资助教育机制中的各个元素相互关联，构成了一个完整的体系，但它们各自的目标和重点有所不同。

首先，人类是推动资助活动的核心。从制订资助政策、执行资助计划到具体操作，每一个环节都需要各个职位的员工来完成。若缺乏人力资源，任何正规的资助活动都将无法进行，更别提资助培养人才的任务了。所以，是否能够达成大学的教育援助目标，与援助的教育对象的品质、技能、专业水平等都有着紧密的联系。“全员教育”把大学的行政领导、援助的执行者以及后勤服务人员都包含在援助教育团队之内，援助教育团队的建设状况、援助教育对象的品质和技能等显得至关重要。

其次，“三全育人”的资助教育体系被设定为一个横向的标准，涵盖了两个层面。首先，在时间层面，我们需要确保资助教育的任务能够贯穿学生的整个学习过程，从入学前到毕业后，而非仅在特定的阶段对家境贫寒的学生进行思想政治教育。从另一个角度看，我们需要根据学生在校的各个阶段、各种特性和各种规律来进行适应性的教育，以确保教育的适应性。全员参与的教育模式解决了“谁来负责教育”的问题，因此，“如何进行教育”以及“何时进行教育”的问题，我们可以采取全程参与的方式来解决。人的道德观念并非一蹴而就，而是需要经历漫长且反复的过程。因此，教育资助工作也应该是连续的，应该贯穿学生的整个成长过程。同时，人的认知发展有其阶段性的特征，特别是对于家庭经济困难的学生群体，他们的心理更为敏感，在大学生活的各个阶段都会展现出不同的阶段性特征。因此，实施大学资助教育工作必须遵循“全程教育”的原则，根据学生在成长过程中的各个阶段、需求和特性，采用个性化的教育方法，进行有针对性的思想政治教育，这样才能提高资助教育的效果。

最后，全面育人是对“三全育人”资助教育体系的纵向规定。全面育人回答了“培养什么样的人”的问题。全面育人以促进大学生的全面发展为目标，以教育为中心。全面育人的教育目标不仅要让学生掌握专业知识，还要培养他们形成优秀的思想品质和高尚的人格。同时，我们要尊重学生的主导地位，鼓励他们发掘自己的兴趣，培养自己的个性，通过对自我的理解来挖掘自身潜力，全面、自由地发展自己，提升自己的整体素质。

（二）“三全育人”资助育人机制的基本理念

1. 以育人为核心，重在整合

人是高校资助活动的起点和终点，全面推动人的成长是资助教育活动的基本目标。因此，“培养人才”是资助教育活动的中心，是“三全教育”资助教育机制的起点和终点，在这个资助教育机制中占据核心位置，全员教育、全程教育、全方位教育这三个要素都应以培养人才为核心，都是为了达成培养人才的目标。总的来说，“三全育人”的支持和培养方式是三个关键因素的结合。若缺乏“教育”的重视，它们便可能形同孤岛，彼此之间的关联性被削弱，无法形成一个完整的整体，从而使得“三全育人”的方案难以实现。实际操作才是衡量事物真伪的唯一尺度，而“三全育人”的教育援助方式的效果则取决于它的科学性。简而言之，“教育”是“三全育人”教育援助方式的中心，它把“教育”这个中心元素与其他三个元素进行了有效的融合和协调，从而形成了“三全育人”的教育援助方式。

2. 全员调动，形成合力

目前，我国的大学教育援助存在效果不佳的问题。深究其原因，多种复杂因素导致了这一问题，其中最关键的是教育援助的合力不足。“三全育人”的教育援助机制强调所有大学教职员工都应参与到教育援助工作中，构建了“人人参与”的家庭经济困难学生思想政治教育新模式，形成了教育的合力，这是传统的教育援助机制所不能达到的。以前，我们一直认为大学的思想政治教育应该由思想理论课的教师和思想政治教育工作者来负责，其他的教师只需要完成他们的教学职责就可以了。当进行思想政治理论的讲解时，老师常常使用填鸭式的讲解，学生只能被迫听取，这极大地削弱了思想政治教育的成效。为此，我们需要把所有的老师、行政管理者以及后勤人员融入培养人才的工作中，并且通过各个部门的共同努力，共同提升育人效果。

3. 全程跟进，把握重点

教育者在向学生灌输价值观和道德标准等方面，由于人的思想观念具有持久性、变化性和隐蔽性，再加上学生原有的价值观和环境等因素的影响，学生需要有一个过程来将这些内容转化为自己的价值观，而不是一蹴而就的。思想政治教育的最终目标是让学生将价值观念深入心灵，并在行动中体现出来，从而塑造出优秀且稳定的品格。“三全育人”资助教育机制中的全程教育元素揭示了大学资助教育工作的全面性。在全程跟踪大学生的发展过程中，高等教育机构会在几个关键阶段进行有针对性的教育，以帮助学生顺利度过转变期。例如，新生入学后，他们会遇到适应困难；毕业时，他们会面临就业压力。在这些特殊的阶段，学生们可能会感到迷茫和焦虑，心理压力也相对较大。如果能在这些关键时刻及时给予思想上的指导和心理上的疏导，那么一些学生就不会在大学生活中迷失方向，浪费宝贵的时间。因此，大学教育者应该在全面培养学生的基础上，重点关注学生成长过程中的重要环节，及时协助他们解决思维、心理和生活上的难题，使他们能够轻松应对大学生活，推动他们的身心健康成长。

4. 全方位展开，全面发展

教育资助的主要目标是人，而高等教育资助的最终目标则是促进人的全面成长。因此，高等教育资助的实施也应以促进人的全面成长为主线。“三全育人”的教育资助模式，以人为核心，致力于实现人的全面成长。通过全员参与，激发大学所有教职员工的积极性，使得教育资助工作贯穿大学生的整个成长过程。结合大学生的成长特性，我们通过全面的教育方式来扩展教育渠道，全面地进行教育工作，以实现大学生的自由和全面发展。

（三）“三全育人”资助育人机制的特征及构建意义

1. “三全育人”资助育人机制的特征

（1）整体性

高等教育资助项目是一个全面的项目。如果想要充分利用这项资助项目的教育功能，达到教育资助的目标，就必须调动所有的力量，实现共同的目标，这样才能形成教育资助的整体力量。“三全育人”的资助育人体系是在系统理论的框架下建立的，它从大学思想政治教育的全局出发，激励所有的教职员工参与到资助育人的过程中。全体成员的培养目标并非意味着每个人都要牺牲他们的基础任务，只投身于培养学生的事业，反之，他们应该在履行基础任务的过程中，实施潜移默化的心理和道德教育，使这些心理和道德教育深深植根于他们的日常生活，以此实现培养学生的目标。

（2）全程性

“三全育人”的资助育人模式的一个关键特性就是全程性。大学生正处在塑造“三观”的重要阶段，他们的思维从幼稚走向成熟，是一个漫长且反复的过程。因此，这就要求资助育人工作必须全程进行，并将资助教育贯穿学生在校的整个过程。在学生的发展历程中，会经历各种阶段，每个阶段都有其独特的特性和规律。全程教育的目标是让教育者理解大学生的成长规律，并在不同的阶段选择合适的教育内容，以便根据个体差异、地域环境和时间因素来进行教育，这样才能使教育工作更具针对性和实效性。

（3）全面性

“三全育人”的资助育人模式旨在促进大学生的全面成长。对于大学生而言，全面成长主要表现在道德、智力、体质、美感和劳动五个层面，因此，高等教育机构在进行教育时，需要全面考虑这五个层面的教育，并将它们有效地整合到教育活动的每一个环节。“三全育人”的教育模式是通过扩大教育途径实施全面的教育，以促进学生的全面成长为目标，运用多种方法和策略，对学生进行思想政治教育，提升他们的各项技能，并培养他们卓越的道德品格和文化修养。

2. 构建“三全育人”机制的意义

自我国推行资助政策以来，大学资助工作已经取得了全球瞩目的成绩。然而，现阶段我国的大学资助工作仍存在一些问题，一些大学在资助工作中过于注重物质，而忽视了精神层面的培养，大学资助工作的教育效果并未得到充分体现。因此，如何将“资助”与“育人”有效融合，并构建相应的资助育人体系显得尤为关键。建立“三全育人”的资助育人体系，对于推动大学资助育人工作的进行、促进大学资助工作的健康发展以及强化大学思想政治教育工作都具有积极的影响。

（1）推动资助育人工作发展

高校资助工作开展的最终目的是实现“育人”。“三全育人”资助育人机制将这一理念与高等教育资助育人工作紧密结合，有效地解决了“谁来培养人才、如何培养人才、培养什么样的人才”的问题。对于大学资助教育工作的理论探讨和实践操作具有一定的参考价值，从而推动大学资助育人工作的进行。

（2）促进资助工作良性发展

一方面，深入探讨大学的资助教育活动，可以提升社会各阶层对大学资助事业的认识，从而激发社会对家庭经济困难的大学生的关注。另一方面，如果对家庭经济困难的大学生开展思想政治教育，他们在获得援助时就会充满感激，并在得到他人援助后，积极地去帮助他人，从“被援助”转变为“自我援助”，最终达到“援助他人”的目标，这样就实现了资助事业的健康发展。相反，若未对贫困学生进行思想政治教育，他们可能会觉得接受援助是理所当然的，并且对援助者缺乏感激之情。这样的情况下，援助者可能会觉得援助是浪费金钱和情感，并对援助工作产生怀疑，最后可能导致援助者减少或者完全不再援助，从而形成一个恶性循环。

（3）有效加强思想政治教育

“三全育人”的资助培养模式适应了当前大学生的思想政治教育新趋势，有助于扩大思想政治教育的新路径、增加思想政治教育的资源，并提高其实际效果。目前的大学思想政治教育主要通过理论课程和日常的思想政治教育两种方式进行。在新的时代背景下，高等教育机构必须扩大思想政治教育的路径，而高等教育资助工作就是一个有效的方式。建立“三全育人”的资助教育体系能够充分挖掘出高等教育资助工作中的思想政治教育作用，并扩大思想政治教育的路径。大学资助活动本质上隐藏着思想政治教育的资源。建立“三全育人”资助教育体系的目标就是要寻找大学资助活动中隐藏的思想政治教育资源。

三、高校“三全育人”资助育人体系建设

尽管“三全育人”资助教育体系已经从理论层面构建，但是如果想要将其付诸实践，就必须依赖于相应的操作流程。因此，“三全育人”资助教育体系的实际应用，需要依赖特定的操作流程才能达成。“三全育人”的资助教育体系的具体表现形式就是其运行机制，这也是达成资助教育目标的方法。

（一）齐抓共管，全员育人

为了更好地帮助家境贫寒的大学生，以及充分利用资助工作的教育价值，我们需要激发资助人员的热情和积极性，使他们认识到自己的教育职责，并且让所有与之相关的人都投身于大学生的培养和教育中。在中央 16 号文件里，我们强调了所有参与大学生思想政治教育的工作人员，他们必须始终保持正确的政治立场，提升自身的思想品质，增进对社会的责任意识。大部分教职人员都肩负着对大学生进行思想政治教育的重大职责，教师需要提升自身的道德素质和专业能力，以优秀的思想政治教育品质和道德风貌影响和教导学生。学校的管理工作应体现出育人的导向，后勤服务人员需要尽力提供优质的后勤保障，为大学生提供实际、有效的服务，让大学生在优质服务中受到影响和教育。

1. 发挥资助工作者“管理育人”作用

高等教育资助的执行者通常由三个部分构成，这三个部分相互关联，各自负责其职责，确保了高等教育资助工作的顺利进行。首先是组织领导者，他们主要是负责高等教育学生资助管理的领导机构和领导，例如党委学生工作部，他们主要负责制定资助工作的政策和决策等。其次是运营管理者，主要涵盖了大学生活组织管理的相关部门，例如学生资助管理中心及其员工，他们的核心任务是确保资助政策和方针的执行，保证资助工作的顺利进行。最后是高校的一线资助工作人员（最终的执行者），例如思想政治教育工作者和各学院的资助专员等，他们的主要职责是传递信息，这是高校资助工作顺利进行的关键环节。他们与家庭经济困难的学生有着最紧密的联系，也最了解学生的学习和生活状况。

因此，要从构建资助教育团队的体系出发，充分利用各方资源，推进资助团

队的专业化发展，以实现“管理教育”的目标。首先，负责高等教育资助管理的团队必须稳定且数量充足，这样才能有利于统一管理，形成教育的合力。其次，要提升受助者的综合素质。一方面，要定期为受助者进行专业培训，以增强他们的个人能力。另一方面，要改进大学资助管理部门的专业人员结构。资助工作人员不仅需要具备专业知识，对我国大学资助政策体系的各项内容和本校资助工作的实际情况也应深入了解，还应该掌握财务管理、心理学、教育学、经济学等相关知识。最后，大学资助工作人员需要具备独特的人格魅力，通过高尚的人格去教育和影响他人。

2．发挥后勤人员“服务育人”作用

在大学的工作中，后勤部门扮演着重要的角色，它的职责是为全校师生提供服务。换句话说，大学的后勤工作也是为了培养人才。过去，大学通常只关注后勤工作的服务职责，却忽视了其中所蕴含的“服务育人”的重要性。“服务育人”在后勤部门主要是指将“育人”的理念融入后勤服务中，以此来挖掘其在育人方面的作用。邓小平曾指出：后勤工作的任务，就是要为科研工作、教育工作服务，要为科研工作者和教育工作者服务，要为科研工作者和教育工作者创造条件，使他们能够专心致志地从事科研、教育工作。①

首先，后勤人员要树立育人意识。在开展后勤服务工作时，要以“育人”为出发点，不能只停留在完成工作层面上。其次，后勤人员要注意提高自身素质。“后勤工作人员服务态度的好坏，服务水平的高低，服务质量的优劣，都会对与之长期接触的学生的心灵和思想产生耳濡目染的影响。”

（二）重点突破，全程育人

在“三全育人”的教育资助体系中，全程教育的实施需要从两个方面进行考虑，一是大学教育资助的运作过程，二是大学生的成长发展过程。大学教育资助的核心目标是培养人才，其教育功能最终也会反映在大学生的全面发展上。因此，大学教育资助应以人的发展特性，即大学生在整个大学阶段的发展特性为出发点来进行。按照时间顺序，将大学生的成长阶段划分为入学前、入学时、在校时、毕业时和毕业后，高等教育资助工作应着重于这几个阶段，以实现对人才的资助。

1．入学前，宣传国家资助政策

推广活动是党和政府与公众交流的关键纽带。成功地进行国家援助政策的推

① 金昕．社会主义核心价值体系融入高校家庭经济困难学生资助工作探析[J]．思想理论教育导刊，2011（3）：88—91．

广，让这些政策在公众中广为人知，深入人心，让大众理解党和政府对于家境贫寒的学生的照顾，这是成功进行大学援助活动、发挥援助教育作用的坚实根基。所以，在大学新生开始入学之前，各个层级的教育管理机构和大学都应该构建一个“上下互动、纵向协调、各有特色”的宣传服务平台，让国家的援助政策深入人心。对于大学来说，需要采用各种方式来推广援助工作。在开始学习之前，要让学生充分了解相关政策。通过邮寄《大学生资助政策简介》、开设资助服务热线、建立新生资助指南专题网站，并借助微博、微信等新兴媒体，让学生和家长了解在遭遇经济困境时如何寻求国家资助政策的援助；同时，在学习过程中，做好政策的引导工作。通过在“绿色通道”的办理地点发放助学手册、举办助学政策的宣传会议等途径，学生能够及时掌握助学政策。入学后，要做好总结和推广工作。大学可以寻找并宣扬家庭经济困难学生的优秀事迹，为所有学生树立榜样。

2. 入学时，拓展“绿色通道”

每年的高考结束后，收到大学录取通知书的学生和家庭都会感到欢欣鼓舞，然而对于经济困难的学生及其家庭来说，他们的喜悦中带着忧虑。特别是那些因为遭受自然灾害或人为破坏而无力支付学费的家庭特别困难的学生，他们在面对入学的门槛时可能会犹豫不决，徘徊在大学的门槛之外。“绿色通道”制度在家庭经济困难学生的入学过程中，消除了他们的担忧，为他们开启了大学的大门，使他们能够顺利进入学校。

清华大学在 1998 年首次推出了我国的“绿色通道”制度，以确保遭受特大洪涝灾害的家庭经济困难学生能够顺利入学。2000 年，教育部、国家计委和财政部联合发布《关于 2000 年高等学校招生收费工作若干意见的通知》，强调了高等学校应当建立“绿色通道”制度。从那时起，一些大学开始响应国家的呼吁，逐步实施“绿色通道”。2003 年，教育部要求所有公立学校在新学期开始时，都必须建立“绿色通道”制度，以保证当年新入学的经济困难学生能够顺利入学。在 2006 年，教育部强调“绿色通道”的顺畅性。到了 2007 年，随着我国的资助政策体系的不断完善，“绿色通道”的工作也逐渐走向了规范和制度化。到 2008 年，民办学校也被纳入国家的资助政策中，教育部要求所有的全日制大学都需要开设“绿色通道”，从而使“绿色通道”覆盖到了所有的全日制大学。这标志着我国的“绿色通道”制度正在逐渐完善和健全。“绿色通道”以最直观的财政援助确保了家境贫寒的学子们能够顺利进入大学，完成了从“考试生”到“新生”的角色转变。在“新生”到“老生”，然后是“毕业生”的过程中，大学需要扩大“绿色通道”的纵向和横向服务范围，发掘“绿色通道”的教育作用。

（1）提供心理帮扶，引导学生顺利度过适应期

新生一旦进入大学，首要的任务便是适应大学生活。与非家庭经济困难的学生相比，家庭经济困难的学生由于其独特的家庭环境和成长历程，承受的经济压力和精神压力更为严重。因此，高等教育机构在确保他们顺利入学的过程中，也必须营造一个安静且有益的学习氛围，全方位地照顾家庭经济困难的学生。学院应当在“绿色通道”的职责区域建立一个心理咨询平台，由专业的心理顾问来回答学生的疑问，提供心理援助，以缓解他们的心理负担，并引导他们尽早适应大学生活。

（2）制订成长计划，促进学生健康成长

由于学习资源的匮乏、传统的学习方式以及不良的学习环境等因素，家庭经济困难的学生在入学后可能会面临学习压力大、学习方向模糊、学习动力缺乏和学习成绩不理想等问题。因此，高等教育机构应根据这些家庭经济困难学生的具体情况，制订出适合他们的个性化成长计划，并提供针对性的帮助。对于一年级的学生，我们主要提供经济援助，以便他们能够专心学习，尽快适应大学生活。对于二年级的学生，我们在提供经济援助的同时，也应注重培养他们的自立自强意识，鼓励他们积极参与勤工助学和学生社团活动，以此在实践中不断提升自己的能力。对于三年级的学生，我们在提供经济援助的同时，也要重视他们的专业技能的提升，并鼓励他们参与与专业相关的课外学术活动，例如“挑战杯”创业大赛和科研项目等。对于四年级的学生，我们应适度减少经济援助，为他们提供勤工助学和实习的机会，并结合他们的就业需求，提供针对性的就业指导，扩大就业途径，帮助他们顺利就业。

3. 在校时，精准资助、精准育人

确切地识别出家庭经济困难的学生，是公正、合理且适当地援助这些学生，以实现教育资助的关键基础和保障。在确定援助对象的过程中，思想政治教育工作者通过与这些家庭经济困难的学生的交流和对他们周围同学的了解，精确掌握他们的真实状况，并根据他们的实际需求进行“按需援助”。在确认任务完成后，为了防止“一定四年”的状况发生，我们需要构建高等教育机构中家庭经济困难学生的信息管理系统，并根据实际情况的变化来调整资助的内容和方式，以实现动态管理和精确教育。

（1）科学认定、精准资助

“资助育人”是高等教育机构对家庭经济困难学生的资助工作的核心理念，其基本原则是精准理解学生的发展需求，以实现按需资助。通过对资助对象的评

估，实现教育功能，即要在家庭经济困难学生的认定过程中，全面进行思想政治教育，充分挖掘资助对象认定工作的教育功能。目前，在确定困难生的过程中，大学生常常表现出心理状态复杂和多变的特性。因此，在认定过程中需要融入思想政治教育。一方面，这有助于提高评估工作的精确度和科学性；另一方面，公正、透明的评估工作也是思想政治教育的关键途径，可以保证援助项目的最大效益。更具体地说，就是在收集家庭经济困难学生的信息时，通过真挚、平等的沟通和关怀，了解他们的实际状况，掌握他们的性格、心理、基本需求和成长模式，对他们的困境身份和困境程度做出精确的判断。

（2）实地走访、动态管理

在评估受助者的过程中，如果学生提供了不真实的信息，也可能造成评估结果的误差。因此，大学的援助人员需要衡量学生提供的信息的真实性和有效性，其中有力的检验手段之一便是现场考察。实地考察能够让我们深入了解学生的家庭状况，一旦发现问题，就能立即进行修正。此外，通过对撒谎的学生进行惩罚性的教育，我们能够构建一个有力的诚信制度，从而培养他们的诚信观念，并逐渐塑造出一个诚信的校园环境。

为了达到精确的资助，我们必须执行动态管理。目前，许多大学在新生入学时就已经对资助对象进行了评估，然后在未来的资助过程中，就会依据大一评估的结果进行，这种做法在很大程度上存在问题。家庭经济困难的学生的经济状况并不是恒定的，他们可能因为家庭突发事件而陷入经济困境，但在未来可能会恢复正常，无需再次提供资助。然而，现行的静态管理方式无法对此类问题进行调整，因此，在资助流程中需要执行动态管理，真正实现按需资助。首先，我们需要构建一个涵盖家庭经济困难学生所有信息的信息平台。其次，我们需要根据学生的具体情况，对系统内的信息进行实时调整，以形成一个科学、精确、动态的管理平台。最后，思想政治教育工作者需要在第一时间获取学生的信息，因为一线思想政治教育工作者是与学生接触最频繁的人，他们能够在第一时间获取学生的信息。因此，思想政治教育工作者需要通过多种途径和方式，全面、实时、客观、准确地获取学生的信息。

4. 毕业时，就业援助

学生毕业时，由于家庭经济状况的影响，可能会遭遇一系列的挑战。一些学生在寻找工作、参加研究生考试等方面的花费较高，这可能会导致他们在经济上面临一些困扰；另一些学生对于毕业后的发展方向可能感到迷茫；还有一些学生在寻找工作的过程中可能会遇到一些问题。因此，当学生即将毕业时，高等教育机构也需要根据每个学生的实际情况提供就业援助，让他们在毕业之际仍能感受到党和国家对他们的关心，并将这种感激之情融入未来的职业生涯中。

5. 毕业后，追踪动态、反馈体系

大学应当构建“三全育人”资助的反馈机制，对于家境贫困的学生，其毕业后，应进行持续的追踪回访。一方面，要及时掌握他们毕业后的情况，挖掘逆境中成功的典型，邀请他们回校向在校学生做报告，分享他们的奋斗历程；另一方面，收集他们对学校资助工作的看法和建议，以便持续优化资助育人的方式。

（三）多管齐下，全方位育人

曾任教育部副部长的杜玉波在回答记者的问题时指出：我们需要更深入地发挥资助的教育作用，积极融入培养人格的教育，并根据资助工作的具体情况，特别关注三个主要的教育领域，即激励人心的教育、诚实守信的教育以及社会责任感的教育。这解答了“培养何种人才”的疑问。因此，大学在提供教育支持的过程中，应该通过奖励、贷款、实习和其他形式的资助，来增强对学生的激励、诚实、独立和感恩的教育。

1. 通过评奖评优以树立典型激励学生

当前的奖学金体系里，国家奖学金被视作我国政府所建立的最具荣耀性且奖金数量最多的国家奖学金，它是由党和政府为了鼓舞大学生们在学业上努力、主动向前，以及在整体能力方面的全方位提升，以及在日常生活中热衷于帮助他人、团结他人而创建的国家最高奖赏。该项目旨在帮助众多学子设定追求卓越的目标，推动他们积极前行。所以，我们需要深度开发国家奖学金的教育作用，通过推广国家奖学金的价值，引领他们设定追求卓越的目标，并借助模范来鼓舞他们。

（1）宣传国家奖学金的意义，使学生树立奋斗目标

国家奖学金推广活动中，让众多学子深刻理解到国家奖学金是国家对于优秀大学生的最高尊重，以此鼓舞他们积极学习、全方位进步。

（2）推选出优秀的学习榜样，激励广大学生努力学习

在评定过程中，我们需要选择那些学业优秀、全面发展、社会根基扎实、受到学生广泛赞誉的杰出大学生。我们应该借助颁发国家奖学金的机会，深度探究他们的勤奋学习精神、感人的学习经历和有效的学习策略，展现国家奖学金获得者坚韧不屈、积极向上的卓越特性，使其成为所有学生的学习楷模，并且成为在校学生刻苦学习、敢于实践的持久驱动力。积极进行创新性的实践，营造出一个竞争、追赶、协助的优秀环境，让大学生成为社会主义的推动者和传承者，承担

起推动社会主义发展以及实现中华民族复兴的历史使命。

2. 通过助学贷款以诚实守信教育学生

诚实守信被视为中华民族卓越的道德观念中的关键元素，《公民道德建设实施纲要》也把“明礼诚信”作为基础的道德标准之一。在党的十八大上，强调了要积极推广并实践社会主义核心价值观，这其中就包含了“诚实守信”这一理念。在大学的关键阶段，学生正在塑造和发展“三观”。因此，当进行助学贷款活动时，需要向那些家境贫寒的学生传达贷款的重要性，培育他们的诚实观念。这样可以在校园中营造一个诚实的环境，从而降低国家助学贷款的违约率。

（1）围绕助学贷款，开展诚信教育

在处理助学贷款的过程中，高等教育机构需要举办助学贷款政策的讲解会，使学生对贷款流程有所了解。更关键的是，让学生明白国家助学政策对他们的照顾，理解遵守信用原则，遵守合同条款，顺利完成学业后按时支付利息和及时偿还贷款。这不仅是享受助学贷款后应尽的责任，也是学生对国家助学贷款政策的回馈，以实际行动确保国家助学贷款政策持续有序执行。让学生认识到自己不只是被援助者，也是资助政策顺利实施的支柱，提升学生的主观意识和履行承诺的责任感。

为了帮助学生理解现代信用体系，明白信誉的重要性，大学应和如中国银行、国家开发银行这样的金融机构进行深度协作，由专家教授信誉的基础知识。另外，大学也可举办一些有关信誉的主题活动，安排工作人员去违约的同学家里进行调查，探究他们的违约原因，同时向他们和家长传达有关的政策，鼓励他们按照信誉偿还债务。将诚信理念融入各项活动当中，指导学生探索和执行诚信，使他们能够从实际操作中感受到由此产生的道德认同，这就构成了大学诚信教育的核心部分。

（2）建立诚信档案，形成刚性约束

一方面，我们需要构建一个大学生的诚信档案库，并将其纳入学生的个人档案。这个档案库中应该记录和存储学生在校期间的各种实际行为，例如奖惩情况、学费支付情况、考试成绩，以及参与科研和社会实践活动等情况。我们还需要建立一个量化标准来衡量学生在校期间的综合表现，并为每个指标设定相应的权重。同时，我们也会将评估得分作为学生申请国家助学贷款、申请入党、评奖评优的重要参考，从而对大学生的诚信行为进行严格的约束。另一方面，将个人的诚信记录转移到雇主那里，让学生明白失信行为会对他们未来的求职、社交、贷款、保险等各个领域产生影响。

3. 通过社会实践以自立自强锻炼学生

经济资助在大学中能够满足家庭经济困难学生的紧急需求，也就是他们当前的刚需。然而，要想达成援助工作的长期目标，让他们有更好的发展，就需要为他们提供更多的实践机会，提升他们的个人能力，并培养他们坚韧不拔的品质。现在，主要是通过勤工助学和社团建设的方式，积极地引导学生在实践中发展和成长。

（1）以勤工助学为平台，绽放自强之花

高校勤工助学，即在大学的指导下，学生利用课余时间，通过自己的努力获得合法的收入，以改善自身的生活水平。随着我国社会、经济和教育的进步，我国的大学生社会实践活动制度也在持续优化和发展。

目前，对于勤工助学的教育价值的认识日益深入，它在提升大学生的技能、丰富知识储备、锻炼毅力等领域起着关键的作用。然而，尽管勤工助学是一个支持教育的渠道，但仍然存在一些挑战。首先，许多大学的勤工助学资金投入不足，无法充分满足家庭经济状况较差的学生的需求。《高等学校学生勤工助学管理办法》所设定的最低工资标准，即每小时 8 元，一开始让人羡慕，然而，如今，这个数字已经无法满足一个学生日常学习和生活的需求。其次，目前的就业辅导岗位主要是体力和服务类型的，与大学生的成长和专业特性紧密相关的智力类岗位并不多。最后，学生对于就业辅导的热情正在减少，每小时 8 元的薪资通常让人感觉像是“吃大锅饭”，学生会觉得工作好坏都一样，很难有积极工作的态度，甚至有极少数学生出现了消耗工作时间领取工资这种极其不负责任的想法。

因此，我们需要对勤工助学的工作进行优化，并且完善自我提升的教育平台。首先，我们需要积极寻找多样化的勤工助学资金来源。一方面，我们希望国家在政策上对勤工助学提供更多的支持，并且在财政上将更多的资金投入勤工助学上。另一方面，我们也需要吸引社会的捐赠，鼓励企业提供更多的勤工助学岗位，或者直接发放勤工助学工资。其次，我们需要强化对智力型职位的培养。一方面，我们需要扩大与学生就业紧密相连的企业的实习和助学岗位的开发，将实习扩展为实习和助学，让学校和企业共同承担学生的劳动报酬，以此增加学生的实践机会，达到学生和企业的“双赢”效果。另一方面，我们需要在大力推广校外的勤工助学职位的过程中，对其进行更严格的监控和管理。学生的安全与利益应被视为优先考虑的事项，因此，学校应设立专门的勤工助学学生权益保障机构，以确保他们的合法权益得到有效的维护。最后，我们还需要对勤工助学的内部管理体系进行适当的调整。一方面，提升学生的自主权意识。学校负责审核、引导和联络供应商，将经营项目的主导权交还给学生，增强学生的自我经营意识。另一方面，在确保每小时8元的薪资待遇的前提下，设立一定的绩效薪资，与日常工作表现、经营状况、服务品质等因素相关联，打破“一刀切”的模式，启动竞争机制。可以定期组织一场以勤工助学资源为基础，面向所有勤工助学者的创业竞赛。优秀的创业想法将由学校资助中心协助参赛者进行项目执行，让所有参与勤工助学的学生都能意识到，他们是勤工助学的主导者。

（2）以社团建设为平台，培育自强文化

大学生社团对于大学的校园文化建设起着关键的作用，它们通过举办各类活动来丰富校园文化。学生们通过参与这些社团，有机会提升自身的各项技能，这也是他们在大学期间不可或缺的校园生活之一。构建一个以家境贫寒学生为核心的团体，激励那些具有相似家庭环境和成长历程的学生参与其中，为他们创造一个交流互动的场所，并为他们开辟实现个人价值的途径。这将有利于优化他们的个性、增强他们的技能、满足他们的发展需求。

大学应以让贫困学生积累充分的实践经验为主导，助力其进行各种实践活动。比如，东北师范大学成立了“勤工助学服务中心”“爱心使者团”和“贷款服务团”等社团，这些社团的成员都是家庭经济困难的学生，他们在社团中通过参与日常活动，提升了自己的实践技能。通过组织一些座谈会，帮助他们尽快融入群体，为他们提供公开表达的机会；助力他们战胜自卑感，增强他们的语言表达能力。一些大学为家庭经济困难的学生设立了教育实践项目，邀请家庭经济困难的学生担任项目负责人，并提供资金援助，以此来提升学生的研究能力。

4. 通过有偿资助以奉献精神鼓舞学生

为贫困学生提供经济援助是我们党和国家的责任，同时，受助者也需学习如何承担社会责任并履行其义务。因此，大学在执行援助任务的过程中，需要强化感恩教育，教育广大受助学生要怀揣感激、感恩的心态以及社会责任感，并始终记住回馈社会，肩负起推动国家发展的重任。

（1）资助方式从无偿到有偿

目前，中国的大学所执行的奖励、贷款、援助、补贴和削减的教育援助制度，其本质上就是一种非收费的教育援助形式，并且没有让被援助的学子负责任，也就是说，它是一种非收费的援助。这种非收费的援助手段，对于解决家境贫寒的学子在大学阶段的财政问题，起到了最有效的作用。在近些年，由于援助的规格、援助的数量和援助的种类不断扩大，持久的免费援助可能会使得贫穷学生形成

“等待、依靠、索取”的依赖情绪。所以，我们必须改革旧的免费援助模式。如何执行免费援助是我们在实际操作过程中必须面对的挑战。

（2）培养感恩意识，鼓励学生回馈社会

感恩回馈是中华民族的一种传统美德，对于那些家境贫寒的学生而言，感恩是他们学习如何做人、实现光明人生的关键起点。党和国家以及社会已经投入了大量的人力、物力和财力来帮助那些家境贫困的学生，使他们能够专心致志地学习。然而，部分受助学生将所得资助视为理所应当，缺乏感恩之心，情感冷淡。因此，在资助活动中，我们需要将感恩教育融入其中，培育学生的感恩精神，让他们明白接受大学教育和资助机会的重要性，最终实现学生从“受助”到“自助”，再到“助人”的转变。

首先，要以感恩的内涵为基石，激发学生的感恩精神。一方面，各大学可以依据具体状况，组织一系列的感恩教育活动，使得感恩的观念深植于每位大学生的内心。学校也可以设立一系列的感恩课程和讲座，使得学生清楚地了解到感恩的含义，理解到感恩的重要性，这样才能更好地执行感恩的行为。另一方面，大学应该塑造出感恩的榜样，通过周围的人和事来教育那些家境贫寒的学生理解感恩的含义。其次，通过实际操作的方式，加强学生的感恩观念。一方面，学校应该安排学生利用课余时间去敬老院、孤儿院提供各种服务，这样可以使得受助的学生在实际操作中体验到爱的力量，从而深入理解感恩的含义。另一方面，我们应该为学生提供表达感激之情的机会，尽管有些学生可能并不擅长用言语来表达，但我们可以指导他们通过一张贺卡、一封感谢信、一个电话、一条短信，或者利用微信、QQ 等社交媒体来传递他们的感激之情。

第三节 高校“三全育人”联动机制与体系建设

一、高校“三全育人”的联动机制

新的时代背景对于高等教育机构的思想政治教育提出了更加迫切的要求。这意味着高等院校在管理运营、教学方法以及人才培养等各个方面，都需要深刻融入思想政治工作，建立相应的制度并清晰定义各自的职责，以建立起以“三全育人”为核心的协同教育体系。这一体系旨在确保学生的思想政治觉悟、学术水平和综合素养全面发展，以满足社会和国家的需求。

（一）高校“三全育人”联动机制的内涵

“三全育人”经历了漫长的发展历程，逐渐形成了一个紧密联动、开放包容、系统有序的思想政治教育机制。该机制以“育人”为核心，结合当今时代特点，根据学生的学习和心理特征，进一步充实了其教育理念。同时，扩大了育人团队、育人场所和育人时间的范围，实现了这三个维度的协同运作，与习近平新时代中国特色社会主义思想对高校思想政治教育的期望相契合，精准地把握了培养全面发展的人才的趋势。

在新时代，依赖于系统协调和联动原则进行大学生思想政治教育的“三全育人”模式逐渐凸显其重要性。青年的繁荣，意味着国家的繁荣；青年的壮大，意味着国家的强大。大学生肩负着中华民族伟大复兴的历史使命，在这个过程中，教育是不可或缺的支撑。“三全育人”战略应对了新形势的挑战，整合了教育资源，采用以学生为核心的教育方式，提升了人才培养质量，为实现“两个一百年”战略目标提供了教育保障。

在新的时代背景下，高校面临着创新人才培养模式的重要任务。虽然已在培养全面人才方面取得了一定进展，但在理论与实践、课内与课外、学校与企业的协同合作方面仍有巨大的创新和提升潜力。深入研究高校思想政治教育的“三全育人”机制，有助于系统地解决高校思想政治教育中面临的复杂问题。

在国家强调高校专业技术型人才培养的同时，对学生的综合素质培养也给予了高度关注。这一点从高校的本科教学中便可体现。因此，整合“三全育人”联动策略于高校教育中，全方位地实施教育活动，有助于开创高校思想政治教育的新篇章。这种策略旨在构建合理的教育教学框架，培养出社会主义的合格建设者，为“两个一百年”奋斗目标的完全实现贡献力量。

从词源学的视角来看“机制”一词，在社会科学领域中，机制主要用于描述系统内各元素之间的互动过程，它表现为一种特定的运行模式。机制引入的目的在于更好地协调各元素之间的相互作用，而“三全育人”策略是在社会科学领域中的一个优化机制，包含全员、全程、全方位的互动，这些部分相互独立又互补配合，形如一个高效运行的机器。因此，高校“三全育人”联动机制体现为高校中各部分，即全员、全程、全方位之间的协同作用。其中，全程育人关注教育的时间维度，而全方位育人关注空间维度。在这个时空结构中，全员共同实施思想政治教育。这种机制是动态、开放的，并具有反馈功能，能够充分体现教育者与受教者的主观能动性。

高校的“三全育人”联动机制必须始终坚守“育人为本，德育为先”的核心理念，确保将“立德树人”置于教育办学的前沿地位。这一理念在整个“三全育人”联动机制的实施过程中，应当贯穿始终，认真将思想政治教育的原则与学生的特点相融合。在团队构建、时间安排和场所布置这三个方面进行全面规划和协同配合，以实现协同效应。随后，将思想政治教育融入教学、科研、实践、文化、网络、心理、管理、服务、资助、组织等各个方面，以推动学生的全面发展。“三全育人”联动机制的目标是在高校内树立思想政治教育的全程观念，以“全程育人”为时间基础，以“全方位育人”为空间基础，充分利用“全员育人”的积极作用，有序地将它们融合在一起，形成一个立体的三维结构。

（二）高校“三全育人”联动机制的特点

高校的“三全育人”任务是一项综合性工作，代表着高校思想政治教育的核心策略。在马克思主义学院、学生工作部、团委、宣传部等相关机构的协同合作下，建立了包括全员、全程、全方位的育人氛围。在全员育人的实践中，各方分工明确，各自承担责任。以学生为核心，坚守“立德树人，德育为先”的教育原则，深入理解教育主体与对象的协同作用。全程育人注重时间的连续性和层次性。它关注于时间各个阶段的衔接，基于高校学生的独特性，为不同领域的学生量身打造分步、分段的教育，将思想政治教育有机融入每个环节。全方位育人重视均衡和覆盖，强调空间的教育策略，旨在为学生的全面发展提供坚实的基础。

高校要实现“三全育人”中的教育目标，需要确保这一理念、方法和制度贯穿新生入学到毕业的整个时期。这要求各个环节密切衔接，确保从一开始到最后都能全面覆盖。高校人才培养的特点在于实践性和创新性。为了满足这一要求，高校需要建立校企协同、理论与实践相结合的教育模式，以创造真实的教学环境，使学生能够将所学知识与实际结合起来。在这个背景下，“三全育人”就像星空中的繁星，遍布在全程和全方位育人领域，而全程育人与全方位育人则如时间与空间的经纬线，相互交织。

（三）高校构建“三全育人”联动机制的重要性

借助“三全育人”联动机制的契机，高校稳定地将思想政治教育融入教育教学的每一个环节，并持之以恒地关注学生全面发展与综合素质的提高，以适应学校发展和社会进步的双重需求。在当今这个信息传播频繁的时代，新媒体技术日新月异，每个人都扮演着信息的接收者和传播者的双重角色。在这种背景下，正在成长的青少年面临着复杂多变的环境，这导致在高校中，学生普遍出现了政治立场不坚定、价值观念扭曲以及理想信念模糊等多种问题。为了迎接新时代思想政治教育的挑战，全面构建高校“三全育人”联动机制，提升思想政治教育的精准性和感召力，已被广泛认可和采纳。建立以学生为核心的教育理念，并制定广泛适用的教育机制，已成为紧迫任务。

1. 明确高校的人才培养目标

随着互联网和自媒体的迅猛发展，高校学生的思维和行为呈现出多元化、社会化的趋势，同时也显露出一些不确定性。国家和社会对高校学生在思想层面的期望逐渐提升。由于各种因素的影响，一部分高校学生的思想政治认知逐渐偏离了主流意识形态。因此，高校积极推动立德树人的综合教育方案，建立了“三全育人”联动机制，这对于应对当前复杂的社会环境、提升学生整体素养以及增强他们的社会适应能力都至关重要。高校的使命不仅是培养卓越的技术专家，还应注重思想政治和道德教育，以培养具备双重优势的高素质技术人才。

在新时代的背景下，高校内涵式的发展势不可阻挡，其中高质量的教育实践备受社会各界瞩目，特别是思想政治理论课程得到了前所未有的重视。尽管当前国家大力推动产学研、校企合作和名师参与企业实践，德育和思政教育教师的地位可能有所下降，但在新时代，高技术人才必须具备坚定的政治品质和道德观念，这是社会进步的不可或缺的条件。因此，强化高校的育人任务变得尤为紧迫。

鉴于高校学生的多样性来源和家庭背景，他们在中学时期接受的道德教育水平存在显著的差异。一些学生能够在入学后全面发展，将自己塑造成拥有高尚品德和才华的人才，而有的学生可能难以形成远大的人生理想。因此，考虑到高校和学生的特点，迫切需要制定符合这些特性的人才培养策略，加大对理想信念教育、道德教育的投入，以实现教育目标。

“立德树人”是高校教育的根本宗旨，其旨在以学生为核心，培养对国家有贡献的人才。要进一步深化这一工作，高校应与时俱进，更新教育观念，采纳“三全育人”的教育模式，这是加强高校思想政治教育的重要途径。致力于探索新的立德树人模式和方法，有助于更有效地将学生培养成国家和社会所需的德才并重、专业与红色思想并存的人才。因此，高校应确保思想政治教育贯穿整个教育过程，实现对所有学生的全面、持续、多维度培养。

2. 促进教育合力的最终实现

在众多高校中，存在着不少沟通不畅以及资源浪费的现象，这主要是因为有效的协同机制还未建立。为了进一步提升教育质量，整合资源并增强教育协同效果显得至关重要。例如，在管理部门中，有些决策者长期与学生实际情况相脱节，可能导致他们的教育管理策略不适应当今时代的需求。另外，教学部门、服务部门和管理部门在思想政治教育方面存在不同的标准和关注点；思想政治理论课和其他专业课之间也未能建立起有效的互补关系；此外，学校、家庭和社会之间的衔接也存在不顺畅的情况。这只是教育协同领域中的一部分问题。教育界和管理者都认识到，强化教育协同有助于提升教学效果，实现资源的最佳利用。然而，目前独立运作和资源分散的情况仍然普遍存在。在这一背景下，高校采用以学生为核心的“三全育人”模式，有望解决上述问题，最大程度地提升教育协同效果，并建立和谐协同的教育机制。

高校是思想政治教育的重要阵地。对大学生开展马克思主义和新时代中国特色社会主义的理论教育不仅是必要的，更是高校应尽的职责，旨在指导学生与实现中国梦的伟大目标紧密相连。习近平总书记在学校思想政治理论课教师座谈会上掷地有声地指出：高校不是象牙塔、桃花源，是意识形态前沿阵地。学校的高效运作离不开各部门之间的协同合作。一个完善的机制是否得以显现，取决于各部门间的相互配合与沟通。在这样的机制下，学生不仅能够深受思想政治教育的熏陶，还会获得深厚的“受教育安全感”。

3. 满足高校对学生价值观引领的需要

为确保高校学生队伍在正确的发展方向上，其价值观和培养方式应受到适当的引导。构建“三全育人”联动机制成为高校在学生价值观引导方面的关键策略。这包括强化大学生的理想信念教育，普及马克思主义理论，坚守马克思主义信仰。同时，应重视大学生的爱国主义教育，弘扬中华民族精神，以确保中国特色社会主义事业的传承；并加强社会主义核心价值观教育，这一核心价值观代表了国家、社会和公民个体的道德准则，应在师生之间不断学习和践行，以使其深入人心。

通过“三全育人”联动机制，确保上述思想理念在学生的学习和日常生活中广泛传播，激发学生的学习热情。这有助于培养出社会所需的高素质人才，为实现“两个一百年”奋斗目标做出贡献。

新时代的高校应更加注重思想政治教育，并提高师资队伍的政治觉悟。思想政治教师应具备爱国情怀、明确的道德标准，具备辩证思维、高尚的人格、政治远见、家国情感以及自律意识，为每位学生灌输真、善、美的理念，为他们的人生打下坚实的基础，协助他们树立正确的世界观、人生观和价值观。

值得注意的是，20 世纪末，高校主要关注规模扩张，未充分重视思想导向和价值观培养。然而，随着国家近年来对此的关注和新的教育要求的提出，高校已开始注重内涵发展。推出“三全育人”联动机制为高校的思想政治教育开辟了新的局面，为其育人策略提供了理论指导，强调了全员参与、全程引导和全方位推进的重要性。

指导大学生积极将自身前程与中国梦密切结合。在这一过程中，思想政治理论课发挥了独特而无可替代的职能。这门课程，作为中国特色社会主义理论体系下的高校公共必修课，不仅阐述了中国共产党的治国理念，更是当今大学生塑造正确思维和价值观的主要渠道。思想政治理论课承担着立德树人的核心使命。在其教授过程中，培养学生一直是核心任务，其目标是促进学生全面发展。通过“三全育人”协同机制，按照思想政治理论课的深层内涵，确保思想政治教育在学生学习的始、中、终各阶段都能深入融合。这不仅成功地将党的创新理念渗透到思想政治理论课的方方面面，还有助于提升教育的全面性，进一步提高教学品质，并推动教育和科研取得卓越成就。

二、高校“三全育人”联动机制存在的问题及成因

“三全育人”联动机制对高校的发展和学生思想政治教育水平的提升具有至关重要的作用。在社会层面，这一机制代表着持续培养和输送杰出人才的战略视角。

在中国共产党第十九次全国代表大会上，确立了立德树人、强化素质教育以及培育德智体美劳全面发展的社会主义建设者和接班人的指导方向。随后，众多地方高校迅速将“三全育人”理念融入教育和管理中。尽管高校的主要任务是培养高技能人才，但在当前的社会背景下，思想政治教育的深度已成为评价这类人才进入社会以及适应社会的核心指标之一。只有当“三全育人”联动机制得到完善和深入实施时，思想政治教育才能取得显著的成果。

（一）高校“三全育人”联动机制存在的问题

高校在进行思想政治教育时，必须确保“三全育人”理念得到有效实施。这一理念的顺利实施，关键在于准确识别其在高校实践中所潜藏的问题。只有对这些潜在问题有明确的认识，才能采取有效的解决策略，从而建立健全的“三全育人”联动机制。深入分析这些存在的不足，对于未来深入研究高校的“三全育人”联动机制至关重要。通过对高校实施“三全育人”联动机制进行详尽研究和深刻分析，有望明确目前高校在构建该机制过程中存在的主要短板。

1. 协同促进不到位

在高校实施“三全育人”联动机制时，尚未构建一个协同推进、分工明确的

教育团队。出于历史原因，许多人仍然认为高校的思想政治教育主要由思想政治教育工作者、思政教师以及相关管理人员负责，而与后勤、清洁和行政管理人员无关。这种观点相对狭隘和片面。当前，高校普遍存在过于强调智育而轻视德育，过分注重理论知识传授而忽略思想政治教育的现象。这主要体现在行政和教辅人员对自身行为的约束不足，从而给学生留下了不当观念，对思想政治教育产生了不利影响。与此同时，专业课教师过于追求学生的考试成绩，而忽视了素质教育的核心价值和国家对学生全面发展的要求。

在高校思想政治教育方面，家庭教育存在明显问题。在进入高校之前，学生通常在父母的亲密关怀下成长。然而，一旦踏入大学校门，他们的生活方式就发生了显著的改变，仿佛自由飞翔的风筝，追求独立。与此同时，父母与子女之间的沟通逐渐依赖于互联网工具。随着大学生们逐渐构建自己的社交圈子，与家长的互动减少了。很多父母发现，尽管满怀关切，但对子女的思想和行为指导变得越来越困难。这导致一些学生将父母仅仅视为“遥控提款机”。另外，还有一些学生有特殊的背景，来自农村。在他们升入高校之前，因为父母长期外出务工，他们大多与祖辈同住，享受了极大的宠爱。这种情况下，孩子进入大学后，父母对他们的指导和管理面临更大的挑战。当学校思想政治教育工作者与家长交流学生的大学生活情况时，父母常表示对子女的现状知之甚少。无论是上述哪种情况，都反映了家庭教育在大学生思想政治教育中存在明显的不足。

大学生的正面价值观引导存在明显不足。尽管他们主要在高校校园度过了大学的大部分时光，但现代互联网技术使他们与社会信息实现了密切的联系。同时，高等教育机构的开放性质，使得学生与社会人士之间的自由互动成为可能，大学校园与社会实现了无缝衔接。

然而，当前的现实情况显示，社会对大学生的正面价值观引导存在不足之处，大学生的价值观建构尚未充分满足国家的期望。例如，在面对诸如“老人摔倒是否应扶起”这类应有明确答案的问题时，由于社会舆论的多样性，人们持有不同的观点。尽管教师努力引导学生达到高标准的思想境界，但当学生在社会中将课堂上学到的价值观付诸实践时，未能获得预期的社会反馈，这可能导致学生产生情感上的不适应。

因此，可以看出，社会对于大学生的正面价值观引导需进一步深化和加强。这包括提供更多的机会和资源，以确保学生能够在实际生活中有效地践行他们所学的价值观。此外，也需要建立更加明确和一致的社会价值观，以便大学生能够更容易地融入社会并为社会发展做出积极的贡献。只有这样，才能实现社会对大学生正面价值观的更全面的引导和培养，使他们更好地满足国家和社会的期望。

2. 运行效果不理想

在高校的“三全育人”联动机制中，存在一些需要优化的运行效果。首先，核心教育环节——思想政治理论课的课程设计和教学形式方面存在改进的余地。具体来说，该课程的内容在针对性和层次性方面还有提升空间，有时候内容较为抽象，缺乏实际案例，导致学生感到困惑。至于教学方法，大部分仍然倚赖PPT呈现，难以激发学生的参与热情，也难以有效地将理论与实践相结合。真正的思想政治教育应该不仅深入人心，还能够转化为实际行动，实现知识与行为的有机统一。

其次，对学生的行政管理方面，仍有改进的空间。在高校中，很多学生在从高中生到大学生的角色转变中面临一系列挑战。从社会学的角度来看，这种转变涉及相当大的变化，容易受到多种因素的影响，从而影响教育效果。此外，高校在假期和毕业季的思想政治教育方面也存在不足。尽管一些学校会为学生安排实习，但实习的深度和范围方面有待提升。而在毕业季，由于各种繁忙的事务，如档案管理等，常常忽视了在这一关键时期进行思想政治教育。这种情况反映了高校各部门之间、教职员工与学生之间等关系的不协调性。

3. 保障体系不健全

目前，高校的“三全育人”联动机制保障体系存在一些不足之处。尽管学校在政策方面频繁出台相关规定，但这些规定的执行和后续反馈通常没有得到有效的跟踪和监督，这正是体系不够完善的明显迹象。这也加剧了“三全育人”工作的形式主义倾向。实际上，对于教育和培养活动的执行情况以及后续的跟进，相关管理部门尚未建立有针对性的监督机制。在“三全育人”工作方面，不同部门之间也缺乏统一的规范，导致在执行层面各自制定了不同的方案。

为确保“三全育人”机制真正得以实施，高校首先应确保持续的监督成为日常工作的一部分。在制定相关方案时，应伴随着合适的监管措施，包括定期和不定期的检查以及指导。此外，完善“三全育人”机制的考核和奖惩制度也至关重要。当前的评价方式，例如仅仅依赖学生的获奖和荣誉情况，明显过于简单。对于教职工在“三全育人”工作中的评价方法，例如单纯列举成果，同样存在问题。因此，应引入更为严格和高效的评价激励机制。高校可以鼓励各部门积极参与评价，采用“互评 + 自评”的模式，其中互评是核心，同时确保学生的评价得到充分的关注。将评价结果与职称评定相结合，打破传统的职称评定稳定性观念，实现对出色表现的奖励和对不合格表现的处罚，以激发教职工的工作热情和主动性。

完善的保障体系是高校“三全育人”联动机制长期稳定运行的关键。这一体系应与“三全育人”机制相辅相成，既确保各个环节的有效实施，又统筹全局。只有解决了监督机制中的问题，才能让“三全育人”联动机制真正发挥出其应有的作用。

（二）高校构建“三全育人”联动机制既存问题的成因

深入剖析问题的源头是明确问题的关键步骤，也是制定有效解决方案的基础。对于高校目前在构建“三全育人”联动机制过程中所遇到的挑战，需要从多个层面进行详尽的分析。

1．高校对全员育人的重视程度不够

根据目前的情况，不仅高校学子，教职员工同样对“三全育人”理念存在认知不足的情况，其本质原因在于未能充分重视此理念。

构建“三全育人”联动机制的核心在于全员参与育人，其中包括教育工作者、行政管理人员以及思想政治教育工作者等。学生对“三全育人”联动机制的理解不足，主要源于各类教育从业人员未能充分融入思想政治教育。对于教育工作者而言，他们在教学过程中过于强调专业知识，未能将思想政治教育有机融入其中；行政管理人员在管理活动中往往专注于工作成果，而忽视了学生作为主要受教育者在制定规章制度和工作计划中的地位，从而导致管理的育人效果被忽略；而思想政治教育工作者作为学生日常生活的主要负责人和指导者，缺乏“管理育人”和“组织育人”的理念，直接影响了学生对“三全育人”联动机制的理解。

学生身为高校教育的主体，与教育从业者之间的协同合作存在不足，这造成了在实施育人计划时存在一些障碍。在一些重要的公共课程，如思想道德修养与法律基础、毛泽东思想概论、马克思主义基本原理等方面，目前的学生表现出的不仅是对教师教学的不积极配合，在内心还未将这些课程视为必须学习的内容。当学生以这种态度来面对这些课程时，教师的教育使命变得更加困难，更不用说彻底传达和推广“三全育人”理念了。此外，还需要进一步指出，部分大学生对西方文化表现出崇敬之情，对西方节日如圣诞节、万圣节、情人节等也过于热衷，这些节日在他们看来已成为社交和娱乐的理由。在这种情况下，高校的思想政治教育和意识形态教育逐渐失去了吸引力，因为学生的关注点已经偏向了他们所感兴趣的外国文化。

综合而言，无论是在学生还是在教职工中，对于“三全育人”教育理念的重视程度明显不足。

2. 高校全方位育人机制未深度落实

在人才培养的过程中，教育环境如课堂、家庭和社会的缺陷实际上反映了“三全育人”联动机制的全面教育没有得到深入实施。此“三全育人”理念中的全面教育实际上代表着空间坐标，它涵盖了各个要素的活动领域。教育场所包括学校、家庭、社会以及其他相关场所，这构成了育人工作的“全方位”。对于在这些场所出现的问题，可以从以下两个维度进行探究。

从空间封闭性的角度来看，高校教育环境可以分为两种不同的空间类型，即封闭式空间（实体课堂教学）和开放式空间（在线网络教学）。前者传承了传统的实体课堂教学方式，而后者则代表了新兴的新媒体教育方式。实体课堂一直被视为传统教育的核心场所，然而，随着在线网络教学的兴起，它们面临着一系列挑战，这对传统的一种自上而下的教育方式构成了一定的挑战。

在传统模式下，教育者通过课堂设置对学生进行严格的控制和引导，然而，这种强制性教育方式有时会导致学生的真实需求和感受被忽视。相比之下，开放式的在线教学为学生提供了更多的教育资源选择权，同时打破了物理空间的束缚，使得教育者失去了直接的约束力。这种教育模式下，高质量的教育资源更容易引起学生的兴趣，这也导致了一种类似于商业竞争的现象。在这个竞争过程中，更优质的教育资源往往受到更广泛的欢迎，从而影响了整个社会甚至国家的育人方向。

无论是实体课堂教学还是在线网络教学，都应该受到相同的重视，不应该忽视任何一种教育形式。

从教育的内容与形式之间的关系来看，存在一种明显的不均衡，即教育内容与其呈现方式的脱节。这种不均衡已使“内容为王”的教育观念逐渐受到修正。在传统教育观念中，无论知识通过何种方式传达，只要它是准确的，“内容”都被视为至关重要的，而作为其载体的“形式”则被视为次要的。然而，随着时代的演进，面对信息的高度饱和和快速流转，信息内容的同质性问题变得越来越明显。

在这样的背景下，若不能迅速占据有效的信息平台并精确地向目标受众传达关键信息，即使是最有价值的知识也可能沉没在浩瀚的信息海洋中。这并不意味着内容已不重要，但确实标志着纯粹依赖内容的时代已逝去。形式与内容应同步发展和升级，以适应现代教育的需求。因此，教育工作者需采用各种形式来展现教学内容，而教育场域不应仅局限于传统课堂，更应拓展至家庭、社区及更广泛的社会环境，使其成为思想政治和意识形态教育的核心场所。

3. 高校全程育人机制设置上的局限性

全程育人工作机制的不足直接影响到教育过程中的各环节衔接，从而使得保障措施难以实施。全程育人，正如前文所述，要求高校的各位教育工作者，在学子的学业与生活的各个阶段，开展精准的思想政治教育，确保学子从入学到毕业的整个过程都能接受到全方位的思想政治教育。对于刚刚进入高校的一年级学生来说，他们多数人是第一次离开家庭。这时，高校应该进行精准的适应性教育，引导他们积极融入寝室和班级生活，妥善处理与思想政治教育工作者和教师的互动，以更好地适应大学生活。至于已经适应了大学生活的二、三年级学生，这个阶段的关注点应该是“理想信念”教育，以促进学生的个人和职业成长，强化他们的责任感，激励他们成为社会需要的专业人才。对于即将毕业、走入社会的学生，高校应当加强“职业道德”教育，鼓励他们为国家做贡献，到国家急需的地方施展所长，强化为社会服务的精神。这就是思想政治教育所需的“教育觉悟”，使育人工作从课堂延伸到实际操作，从理论深入实践层面，保持一贯性。

实际上，由于高校体制、人员配置以及各部门之间的协同问题等多种因素，实现“全程育人”中的完美衔接变得相当具有挑战性。以高校为例，学校在学生刚进入大一阶段时，通常会重点进行入学教育，这一做法是合情合理的。但是，当学生进入大二和大三时，他们常常会感受到与大一时的明显不同，他们开始将注意力更多放在学业上。这主要是因为学院的资源和关注重点已经向新入学的大一新生转移，而略显忽略了这部分学生。这种情况只是全程育人中断的一个现象。例如，高中到大学的角色适应教育、课内和课外教育的衔接性、学期与假期之间的教育衔接等问题，都凸显了全程育人机制的不足。理想的教育应该是一个连续的过程，在各个阶段都具有特色，而不是孤立或刻板的环节。

正确的教育策略应该在不同阶段明确定义其重点。例如，大一阶段应强调适应性教育，大二和大三阶段则应重点关注学术和职业规划，而大四时则应集中关注就业观念的培养。这样的教育过程并不是简单的线性展开，而是需要明确各个阶段的关注焦点。全程育人就像一个连续的线索，将所有参与者连接到不同的维度中，以践行“三全育人”的理念。这些教育重点应该受到充分的关注和支持，因为建立一个全面而完善的保障机制来支持“三全育人”的联动机制无疑是一项具有挑战性的任务，实现这一目标需要大量的资源和投入。

高校的“三全育人”联动机制旨在建立思想政治教育的时空观，结合高校学生的成长特点和未来职业发展，确立了全面时间和全空间范围内的教育策略。这一机制构建了一个综合的系统，覆盖了学生的各种活动，无论是在校园内外、课堂内外，还是在线上和线下环境中。只有通过这种策略，我们才能有效地培养满足社会需求的高素质技术人才，并塑造其坚定的思想政治立场，为实现“两个一百年”奋斗目标不断努力。思政教师、行政人员、服务人员、家庭成员以及与学生互动的所有人都是思想政治教育的参与者。每个参与者在这一机制中都扮演着关键的角色，传达与主流价值观相一致的理念。正是因为有了这种全面的参与，这一机制呈现出活跃、多元、与时俱进的特点，而不是僵化和孤立的形式。

三、高校“三全育人”联动机制体系建设

（一）立体构建高校“三全育人”联动机制

“三全育人”联动机制旨在高校内塑造思想政治教育的时空观念。这一机制以全程育人为时间维度，以全方位育人为空间维度，通过广泛参与的全员育人将这两个维度有机融合，构筑了一个多维度的教育空间。从这一角度审视该机制，对于从事高校思想政治教育的专业人士而言，其标准和要求显得尤为严格。原因在于“全员”需要在适宜的时间和情境下，协调“全程”和“全方位”，使其构建成一个既复杂又综合的教育架构。为确保学生具有良好的思想和政治觉悟，学生和教育者需通过持续的思想政治教育保持密切联系。此外，无论在学生的学习、生活还是娱乐中，都应贯彻思想政治教育的理念。同样，教育者在教学内容、方法和日常行为方面也应深入且细致地践行思想政治教育。

1. 以全员育人实现全程育人

全程育人可以被看作一个时间线，而全员育人则像这个时间线上的各个关键节点。这些节点不仅扩展了时间线的延伸，也增加了其深度和广度。高校的全程育人策略旨在为学生提供持续的思想政治教育。在时间频次上，全程育人包括了常规教育和特定时期的教育。常规教育为思想政治教育提供了持续的基础，如日常的思想政治理论课、思想政治教育工作者与学生的交流、专业课程中的思想引导以及团课党课等；而特定时期的教育对于触动学生内心至关重要，例如入学教育、职业选择教育、假期安全教育以及毕业生的价值观教育等。不管是常规教育还是特定时期的教育，所有的教育工作者都应该充分履行其教育职责，确保每个教育环节在整个时间线上都发挥其应有的作用。如同《中共中央关于进一步加强大学生思想政治教育意见》指出的，“高等学校各门课程都具有育人功能，所有教师都负有育人职责。广大教师要以高度负责的态度，率先垂范、言传身教，以

良好的思想、道德、品质和人格给大学生以潜移默化的影响”。

只有在全员育人与全程育人策略相辅相成的情况下，才能构建有效的教育力量。这不仅保障了全程教育不仅仅是时间的推移，同时也确保了全员教育具备明晰的方向和目标。这两者的协同作用对于高校的“三全育人”联动机制顺利推进至关重要，同时也构成了实现全面教育目标的基础。

2. 以全程育人构建全方位育人

全方位育人强调对教育的空间维度进行全面关注，而全程育人则注重时间维度。这两者相辅相成，相互依赖。同样，育人工作应该在各个维度上实施全程教育，以构建一个多元化的全方位育人体系。

全方位育人包含了高校教育所涵盖的各个方面，包括但不限于入学教育、毕业教育、理想信念教育、假期安全教育以及就业择业教育等。而全程育人的目标是确保在这些领域中能够持续深入地进行教育，而不仅仅停留在表面或者中途中断。为了真正实现全程育人，需要建立一个全面的支持体系，从宏观到微观进行精确规划。针对高校四年不同学习阶段的特点，应制定有针对性的育人措施，并确保这些措施得以稳定地实施。同时，应特别强调思想政治理论课在育人工作中的重要性，以确保学生能够深刻理解高校“三全育人”的广泛性和持久性。

3. 以全方位育人明确全员育人定位

为了精确定位所有从事育人工作的人员，高校的“三全育人”策略变得至关重要。在这个框架下，一旦所有教育从业者都被认为具有卓越才能，就需要建立一个完善的育人体系，以最大程度地发挥他们的潜力，确保他们的才能得到最佳发挥。这个体系从横向的角度来看是全程育人，从纵向来看是全方位育人，为所有参与者提供了明确的角色和责任。

为了有效实施全员育人任务，必须建立一个完整的育人网络体系。首先，需要加强班主任和思想政治教育工作者的培训，根据教育部发布的第43号令《普通高等学校辅导员队伍建设规定》，高等教育思想政治教育工作者与学生的比例应达到1 ：200。在此基础上，应按专业选拔班主任，并完成学生学业的指导。其次，在所有行政及后勤员工中进行服务育人培训，利用他们在各个职务上展现的高道德标准来影响学生的发展。最后，应采用以育人为核心的教育方法，而不仅仅是传授教材内容或依赖预先准备的PPT，更要强调理论与实践的结合，并将思想价值观的引导置于首要位置。

要确保上述育人策略的稳健执行，关键在于依靠全方位育人策略，创建多维空间，以激发育人工作者的主动性，使他们在各自的职责中实现育人效果的最大化。

（二）改善高校“三全育人”联动机制运行方式

为了确保高校“三全育人”联动机制的全面实施，应当从全体师生、整个教育过程、各方面的要素出发，进行详尽的构建，以确保三维立体的全面覆盖，为该机制的深入实施提供有效的战略支持。

1. 构建高校全员育人机制

在高校的“三全育人”联动机制中，全员育人占据关键地位。该机制的建设应该从两个方面出发：首先，学校内部需要确保职能部门、教辅部门以及党政部门的所有工作人员紧密合作，共同创建一种统一协同的教育模式；其次，与学校外部，如家庭和社会，也应该建立密切的合作机制，以确保教育工作在各个方面都能够协调一致。

专任教师不仅是知识的传授者，更应该承担起培养学生的责任。目前，许多高等教育机构的教师主要关注课程内容和考核成绩，却忽视了教育的根本目标。每门课程的教授都应强调品德塑造以及协助学生建立崇高的理想信仰。思想政治教育不应该被看作负担，而应该融入所有专业课程中。教师不仅要平等对待每位学生，更要在思想政治教育方面身体力行，树立榜样。

考虑到一些教师对德育重视不足的问题，高校应该强化对他们思想导向和教育方式的监督与指导，明确“立德树人”的核心理念，充分激发专业课教师在思想政治教育中的潜力，以确保“三全育人”机制中全员育人环节的完整性。这也是提高教师自身素养的关键。为了提升教师的思想政治教育能力，不仅要求他们具备丰富的理论知识，更要注重品行的培养与思想立场的塑造，因为这将深远地影响学生的未来发展。

教辅人员扮演着关键角色，其职责主要囊括行政教务和后勤总务领域。行政教务方面包括课程安排、班级编排、学籍和档案管理，以及图书馆与实验室的协调管理。而后勤总务工作则是为学校的全面运行提供坚实的支持，确保教育任务得到必要的物质支持和保障。学校被视为一个紧密衔接的有机整体，教辅人员与各个部门相互协作，相互支持。毋庸置疑，教辅人员是学校建设的积极参与者、学校声誉的捍卫者，以及学生成才过程中的重要支持者，在全员参与的培养过程中发挥着至关重要的作用。教辅人员的日常行为和态度常常会对学生的身心健康和职业观念产生深远的影响。例如，如果学生目睹一名卫生工人在校园里扶起一位摔倒的老人，或者看到他们认真地处理学生留下的水瓶，必然会产生钦佩之情。同样，保安人员是以暴力手段还是文明方式来维护学校秩序，也会在学生心中塑造不同的职业印象。尽管教辅人员的角色不同于直接教授思想政治课程的教师，但他们的行为同样具有深远的影响，就如言传身教一样。表现出色的教辅人员不仅能够为学校带来积极的改变，还能够让学生从他们身上看到和学到许多杰出的品质。因此，在高校的“三全育人”联动机制中，教辅人员作为全员育人策略的关键一环，对学生的全方位教育起着至关重要的作用。

为了最大程度地发挥高校与家庭在教育中的协同效应，建议依赖高校的“三全育人”机制，确立一个稳固的高校与家庭之间的联系和信息交流体系。不容忽视的是，由于历史时期的计划生育政策，现今有许多大学生出自独生子女家庭，这导致家长过度保护孩子，可能会延迟这些学生的独立与成熟过程。因此，高校与家庭的合作教育显得尤为重要。

由于地理位置的限制，家庭与高校之间可能存在相对较远的距离。全国各地的学生汇聚在某一高校，这使得家长与高校之间的日常沟通面临困难。为了解决这一问题，可以建立及时而高效的沟通渠道。例如，可以通过创建社交媒体群组（如微信、QQ 群等），确保从新生入学之初，所有学生的家长都被纳入一个共享的交流平台中。这将方便家长在遇到疑问时能够随时与思想政治教育工作者或授课教师交流，增强他们在教育过程中的参与感。此外，当高校教职员工遇到特定问题时，也可以迅速地通知家长。

为了加强沟通，高校或相关学院可以创建微信公众号，实时发布学生的活动情况与成果，这不仅有助于家长了解高校的教育状况，还能进一步提高整体的教育效率。当然，传统的电话沟通和面对面交流也依然重要，尽管它们可能会受到时间和空间的限制，但这些方法可以帮助家长与教育者更深入地了解学生和高校的真实状况。

为了进一步加强高校与家长之间的联系，可以考虑建立家长委员会。该委员会可以为家长提供一个反映共同问题的平台，而集中的反馈方式将更有可能引起高校的关注。此外，高校还可以定期组织开放日活动，在每学期开始时，为家长提供一个与思想政治教育工作者或专职教师直接交流的机会。

不管采用哪种沟通方式，其核心目标都是确保高校与家庭能够密切协作，为学生提供一个全面、高质量的教育环境。

在高校的“三全育人”联动机制之中，全员育人部分需确保学生也被纳入育人体系。教育领域中经常提到的“他育”与“自育”是两个关键维度，特别是在思想政治教育中，两者均有其专属的地位。从“他育”过渡到“自育”可被视为一种教育的提升与演变。因此，应鼓励学生积极参与到自我教育的过程中，使其自行成为学习的主导者，成为自身成长的指导者。

对于已满十八周岁的大学生，应积极确立正确认识和信念，从而具备自我管理、自我教育及自我发展的能力，并将这种能力有机地结合到其学业与未来规划中。高校方面，应利用党团组织、学生组织、班级委员会等平台，激发学生的学习和生活热情，引导他们参与到各种具有特色的活动中，从而激发他们对学习的认同和兴趣，促使他们积极为自己的未来做打算。

此外，高校更应注重党团组织在学生组织中的作用与地位，从党员、团员中筛选出高素质的学生，让他们参与到各类社团或团体组织的活动中。这样的做法不仅有助于提升组织的整体水平，展现出模范典型的作用，而且能够更好地推动思想政治教育相关工作的深入开展。

2．完善高校全程育人机制

在高校的“三全育人”联动机制中，全程育人在时间维度上占据着关键的位置。这一机制的目标是确保在教育的各个环节都进行全面的育人，这无疑需要投入更多的教育资源和时间。为了保证教育效果，关键时刻的有效教育策略至关重要。这不仅可以提高教育效益，还能增强教育从业者的工作满足感和幸福感。

从时间线的角度看，高校学生从入学到毕业的过程中，经历了几个至关重要的阶段，每个阶段都需要受到应有的关注。

（1）促进高中生向大学生的转变

初入大学的新生，对于新的校园环境、同学和学习生活都充满着好奇和期待。这一时期对于他们来说，是适应高校生活，构建全新的世界观、人生观和价值观的至关重要的阶段。如果能够得到适当的引导和支持，将会为他们未来的学业奠定坚实的基础。然而，很多新生面临着各种诱惑，比如沉迷于网络游戏、陷入爱情的漩涡、参与不良的社交活动等，这些因素会使他们无法全身心地投入学习。因此，教职人员有责任重视入学教育，帮助新生正确理解大学生活以及他们在其中的角色定位。

同时，新生常常会误以为脱离了家庭和高中学校的严格管理，就可以在大学里肆意妄为。然而，事实并非如此，尽管大学赋予了学生更多的自主权，但并不意味着可以放纵不羁。为了应对这种情况，除了强化管理措施之外，还需要在思想上纠正他们的误解，明确大学里的自由并非不受拘束的自由。为了确保在这一关键时期进行有效的引导，除了传统的教育方法之外，高校还应该建立专门的心理关怀团队，以监测和了解学生的心理状态。对于那些适应困难的学生，应该进行一对一的交流，对于一般性问题，需要制定特别的策略，以确保他们尽早适应大学生活。并感受到高校对他们的关注和支持。

（2）引导学生做足假期规划

在“全程育人”战略中，高校需综合考虑学期与假期这两个时期的教育任务。学期期间，思想政治教育和管理工作有助于构建学生思想的框架，引导他们遵循适当的学习和生活方式。然而，一旦学生进入长达两个月的假期，他们可能会逐渐失去自我约束，从思想上的松弛逐渐过渡到行为上的不规范。因此，高校强调实践教育的特殊性质，有责任采取适当的教育策略，以防止学生在假期期间对自己过于宽容。

在假期开始之前，高校应常规性地为学生提供安全教育、价值观教育以及行为习惯培训，每个假期前都应加以实施。从高校的角度来看，假期的社会实践活动与学校的使命以及学生的全面发展高度契合。因此，高校应结合学生事务部和学生团委的相关指导，积极推动实践性教育。

社会实践活动为大学生提供了一个实际平台，可以检验他们的社会适应能力和价值观。这些实践活动可以包括志愿服务，如在附近学校进行教学或在博物馆、纪念馆担任讲解员；还可以涉及提供支援，如实地协助养老院或福利机构的老年人；或者参与以学习为目标的实践，如到企业或工厂提升个人的学习和生活能力。

大学生对社会主义核心价值观的深刻理解和接受是一个持续的过程，包括理论知识的学习、实践经验的积累以及对理论认识的提升。通过社会实践，学生不仅可以增长才干，还可以更紧密地结合社会责任感和实践能力的培养，进一步强化社会实践在培养综合人才过程中的核心地位。总之，假期是教育的重要时段，在高校实施“三全育人”战略时，应充分考虑其独特特点，确保在假期期间完成教育任务。

（3）加强就业创业教育

高校有着培育高质量技术型人才的使命，其中，就业率是决定其生存和发展的关键指标。教育部已经明确指出，各地区和各高校应将思想政治教育置于促进学生就业和创业的前沿位置，以助力并指导学生对当前的就业状况有更全面的认知，树立正确的就业和创业观念，纠正对金钱过分追求的思想。高校必须深刻领悟思想政治教育在学生就业和创业过程中的关键作用，并采用各种方式和途径，持续地将这一教育融入教学活动中。

当前，我国正处于经济快速增长阶段，文化和价值观念的多元融合使得公众思维和文化背景变得更加多样化，道德观念和价值取向也呈现出多层次差异。随着毕业生人数的不断增加，大学生面临着日益严峻的就业挑战。为了减少由此产生的思想波动，强化思想价值的引导，帮助学生确立合理的核心价值观变得尤为重要。在这种背景下，采取全员、全方位、全过程的育人策略显得至关重要。

针对就业和创业教育，应以培养学生的品德为核心，最大限度地发挥思想政治教育在其中的引导作用。对于缺乏基本思想道德素养的大学生来说，一旦进入社会工作，可能会失去坚定的理想信念。

在宏观层面，近年来，我国已经制定了多项支持大学生就业和创业的政策，旨在为他们提供有力的保障。然而，一些学生仍然持有不愿前往西部偏远地区或基层工作的观念，这在一定程度上反映出高校在思想政治教育方面存在不足。因此，教育部要求各高校务必遵循全国思想政治工作会议的决议，确保思想政治教育贯穿大学生的就业和创业全过程，并始终坚持品德教育的原则，引导毕业生形成合理的就业和人生观。

（4）增加主题教育，疏导毕业生的不稳定情绪

在现今社会，对高校学生的思想政治引导显然具有至关重要的意义，尤其是关注学生心理健康方面。理解他们的内心状态并引导他们摆脱情感上的不稳定是一项至关紧要的使命。对即将毕业的学子而言，思想政治教育不仅仅是整个教育历程中的重要时刻，更是对之前教育的总结，以及对他们未来发展的有力支持。此外，加强毕业生的思想政治教育还有助于构建和维护一个和谐、稳定的校园环境，从而有助于高校树立积极的形象。这种教育方式有助于确保毕业生能够以稳定的心态踏入社会，更好地适应未来的职业生涯。

在毕业时刻，很多学子都忙于完成毕业论文或设计，因此，在这个时期并不适宜像大一、大二那样安排大量的讲座和活动。更明智的做法是将思想政治教育巧妙地融入这一学年的各个环节中。值得注意的是，即将毕业的学生可能会表现出一些新的冲动行为，他们可能会尝试实施过去一直憧憬但不敢尝试的行动，以寻求某种心理释放。这种临时的放松可能会对他们多年来的努力造成不良影响，甚至在极端情况下可能会导致他们浪费了宝贵的时间。因此，确保毕业生接受适当的教育，并保护他们的安全和维护他们的情绪稳定变得尤为关键。

3.打造高校全方位育人机制

在“三全育人”联动机制中，全方位育人代表了空间育人的维度，而这一维度的建构毫无疑问是其中最为复杂和具有挑战性的任务之一。全方位育人概括了多种教育教学方法、创新理念、全面内容以及分层化过程等多个要素。从高校学子踏入校园的那一刻起，不仅要学习专业领域的知识，还需要深入研究思想政治教育，坚定自身的理想信念和宏大政治目标。在这种背景下，高校应采用各种高效的教育手段，培养他们成为新时代中国特色社会主义的接班人。

（1）营造良好的思想政治育人环境

为了实现这一目标，整合教育主体、教育载体以及教育过程的计划显得至关重要。在空间、时间、方法、内容以及教育者与受教育者之间需要建立协同关系。在“三全育人”机制中，观念的改变势在必行，需要从以前的片面、静态、孤立的视角转变为更加动态、前瞻、整体的视角，全面了解高校学生的特点，并为他们制订相应的计划。其中，最关键的部分是整体架构，特别是位于顶端的规划。所谓的“层设计”是基于习近平新时代中国特色社会主义思想，由教育部门层层实施，严格按照上级的指导，以改善思想政治教育的环境，从制度和机制的角度提升执行水平。为此，可以设立由校党委书记、副书记领导的思想政治工作领导小组，以及其他相关的协调机构，以确保各级之间的职责清晰划分和监管。此外，与中央和地方教育部门的紧密对接也至关重要，以确保信息传递的准确性和及时性。在“三全育人”联动机制中，信息的流通非常关键，它能确保各方面的工作得以快速展开。这再次强调了“顶层设计”在“三全育人”机制中的核心地位。

（2）明确各职能部门的底线思维

当前，党中央至各级教育机构都高度重视意识形态的导向作用。习近平总书记明确指出，中国特色社会主义教育事业应深入研究“培养什么人、怎样培养人、为谁培养人”这一核心议题。这不仅反映了中国共产党的前瞻性思考，也是对国家教育方向的深刻反思。毫无疑问，中国特色社会主义教育事业的目标应该是培养符合社会主义建设和实现中国梦需求的合格人才。

高校在这个背景下，同样应该明确中央的方针，明确其在思想政治教育中的引导方向，不断创新教育方法，坚定奉行“底线思维”。这种“底线思维”应该融入“三全育人”策略之中，以提高整体政治觉悟。实际上，这种“底线思维”应该被视为高校“三全育人”战略的核心组成部分，所有教育实体和教育者都应该秉持这一思维，以确保思想政治教育具有深刻的政治内涵，并在早期引导学生确立坚定的政治立场。

考虑到当前意识形态对抗不断升级，以及国家之间全方位实力竞争的激烈程度，高校的思想政治教育能否完整且高效地融入“底线思维”显得至关重要。这不仅关系到国家未来人才培养的方向，还必须确保国家资源所培养的高素质人才不会被其他国家利用，因为这将直接影响到社会主义事业的持续进步。

总之，对于这一重要议题的推进，高校必然会面临各种挑战和复杂情境。这无疑是一场长期且充满挑战的斗争，但最终的目标是培养出具备坚定政治立场、深厚情怀、创新思维、宽广视野和正直人格的新时代青年。随着这一批学生的成长，高校的思想政治教育必将迎来新的辉煌。

（3）充分发挥各岗位的联动作用

在高校教育体系中，“三全育人”主张在多个主体、载体和场域之中进行协同育人。为此，高校应构建“三全育人”的联动机制，确保各环节的无缝对接，形成一个立体、全面的教育系统。

“三全育人”可细化为以下十个方面：课程、科研、文化、实践、心理、网络、管理、资助、服务和组织。每一个方面都应同等重视，并进行相互渗透和整合。例如，高校应在各个层面上融入多元的思想政治教育内容，如马克思主义理论、理想信念教育、爱国主义和集体主义教育等，确保它们在不同的教育场域中都有所体现，增强教育教学的外延性。

尽管各个层面的思想政治教育都有其独特之处，思想政治理论课仍然是主要的育人渠道。在寻求新的教育方式和方法的同时，这一主要渠道的重要性绝不可忽视，应持续予以重视。结合多媒体技术和前述的十个育人层面，可以进一步丰富思想政治理论课的教育方式，从而实现全方位育人，这也是高校未来发展的方向。

例如，在学生的日常行为管理中，不仅可以融入思想政治教育，还可以结合文化育人，将中国的传统礼仪文化传授给学生。完成后，再将培养结果反馈到文化育人的环节中，实现在文化育人领域的实践教育。这样的多层次、统筹协调的育人策略有助于提高思想政治教育的实效性，使教育方法和方式更为丰富，助力构建一个立体、全面的育人体系。

（三）强化高校“三全育人”联动机制的保障措施

为了确保高校“三全育人”联动机制的顺利推进和高效运作，有必要制定和完善相关的保障措施。其中，建立一套既科学又能够充分适应高校特性的保障体系，被认为是确保“三全育人”联动机制成功落地的核心组成部分。此外，对督导评价体系的充分利用，包括监控、评估和激励功能，也具有关键性的重要意义。

1. 建立权威性的评审组织

为确保评审工作的权威性与针对性，首先需要明确评价体系中的“谁评”和“评谁”这两个核心问题。在社会主义体制中，党是绝对的领导核心。教育，作为国家建设的关键，其党的领导地位是不容置疑的。因此，推荐构建一个以党委为领导核心、相关部门首脑担任委员，及在思想政治教育领域享有盛誉的专家作为顾问的评审督查团队。此团队负责对“三全育人”联动机制的执行进行规律性的例行检查以及不定期的专项检查，确保机制健全、高效运作，从而推进高校的思想政治教育进一步完善。

对于评审的对象与评审者问题，根据“三全育人”的全员育人要素，评价和检查的范围应涵盖所有教学、行政人员及与学生直接互动的人员，以及学生本身。在党委的统一领导下，各成员需扮演好学生思想的指导者角色，结合全程与全方位的育人特性，在学生发展的关键阶段加强评价和监控。

以高校学生的就业指导和毕业前教育为例，当每届毕业生进入这一关键阶段，全员都应深度参与其中。在此背景下，评审督查委员会应在党委的领导下发挥其功能，及时给予反馈，确保每个环节都得到及时的调整与优化。这种做法不仅对接下来的教育工作有所裨益，更对学生的长期发展和其思想政治素养的提升至关重要。

此外，建议设立内部的自查团队，形成稳健的自查体系，确保工作的透明度与高效，确保学生思想政治教育始终为首要任务，而自查团队的主要职责是发挥警戒与督导功能。

2. 着重推行全过程评价制度

为了确保高校“三全育人”联动机制的高效运转，建立合适的评价机制至关重要，这需要明确评价的核心内容和合适的评价时机，即“评什么”和“何时评”。

首先，“评什么”构成了评价机制的核心，它确保了评价活动的针对性和实效性。为此，对于重要的评价节点，必须明确评价的内容，使得评价活动有着明确的目的。具体来说，评价内容大体可以从两个方面入手：内容和时间。在内容维度，评价对象可以细分为施教者和受教者两个部分。对于施教者，评价范围涉及其教育态度、教学方法、教育内容及其他相关方面。而对于受教者，评价的焦点在于受教效果，包括但不限于思想政治理论知识的掌握、观念的转变、意识的提升以及其他知识的内化程度。时间维度则关注于何时进行评价，特别是在学生从入学到毕业的各关键时刻，如人文教育、假期安全教育、毕业生思想政治教育，以及关键节日期间的爱国主义教育和理想信念教育。

其次，评价的时间安排需与“三全育人”联动机制的全程教育模式紧密结合。由于教育工作具有明确的周期性，评价活动也应分阶段进行。某些单一的教育项目可能需要较短的评价周期，如三到十二个月，具体取决于评价的目的和内容。而涉及整体的综合评价，则需要更长的时间间隔，确保评价结果的可靠性，并合理分配资源。

思想政治理论课作为思想政治教育的重要渠道，是“三全育人”联动机制的关键支柱。由于“三全育人”涵盖范围广、周期长，载体和个体都具有多样性，影响因素众多，因此，马克思主义理论课与思想政治与法律课成为高校“三全育人”的核心内容。确保对这两门课程的评价与监督工作得到充分执行，对于确保评价机制的全面性和深入性至关重要。此外，思想政治理论课也是塑造学生世界观、人生观和价值观的关键环节。

3．实施奖惩有度的评价制度

确保明确定义了“评谁”“谁评”“评什么”和“何时评”的问题后，紧接着必须确保高校内的评价体系具备权威性和可信度。每个制度的建立和执行都必须配备强制性的措施，无论是在国家层面还是企业层面。同样，为了确保“三全育人”联动机制得到妥善执行，必须将评价的短期和长期结果与学生和教师这两个“利益相关集体”紧密联系起来。对于学生，可以将评价成果与其综合评测分数相结合；而对于存在明显思想偏差或道德品行问题的学生，应采取取消评奖、评优资格，入党资格或其他奖励资格的措施。至于教职工，包括学校行政人员在内，对于他们的激励或处罚应基于评价结果，并与职务评定、奖励机制甚至工资津贴直接挂钩。通过将评价与学生和教职工的利益相结合，极大地提高了他们对“三全育人”联动机制和评价机制的重视程度。

为了简化评价过程并确保数据更加直观，评价量化表格应当被设计得既简洁又全面，以确保关键指标不被忽视。为了进一步增强评价的权威性和信服力，评价方法应具备多样性，结合传统的问卷调查、测评、访谈、课堂观察以及思想政治教育工作者评价等方式，并融合现代信息化手段。这样的举措旨在确保评价不仅仅是形式化的，同时也能确保激励和处罚制度不会被边缘化。

第四章　高校“三全育人”体系运作机制的完善

根据《辞海》的定义，“机制”是指机器的结构和工作方式，进一步指代事务的内部运行模式，涵盖了其内部组件的互动以及各种变动的关联性。机制体现了系统内各个要素的互动和互补。德育系统亦需倚靠这样的机制来保持其统一性。本章为高校“三全育人”体系运作机制的完善，主要内容包括科学管理信息、完善育人体系，加强队伍建设、优化课堂教学，构建完善的育人环境机制，打造高效的学生自我管控机制四个方面。

第一节　科学管理信息、完善育人体系

一、信息系统的科学管理

在现代社会文明中，物质、能量和信息共同构成了三大核心要素。物质为我们提供了生活所需的原料，能量赋予了我们前进的动力，而信息则灌输给我们知识与智识。随着科技的迅速进步，信息的传播变得尤为快速，突显了其在社会中的核心地位。控制论之父维纳在《人有人的用处》一书中说：“信息这个名称的内容就是我们对外界进行调节并使我们的调节为外界所了解时而与外界交换来的东西。接收信息和使用信息的过程就是我们对外界环境中的种种偶然性进行调节并在该环境中有效地生活着的过程。”他将信息与人类的认知、基本生活需求和反馈机制相联系。这进一步强调了信息的核心地位，可以说，掌握了信息的人，就具有了行动的优势。

对于任何系统而言，信息都是至关重要的。一个系统的内在秩序是基于信息的交互和运作而形成的。无论是系统内部还是与外部的连接，都取决于信息的流动。信息成为控制的关键。“三全育人”德育模式所涉及的是庞大的德育体系。在这其中，信息管理机制作为连接德育系统内外信息流通的纽带，是保持系统有

序的关键。因此，建立严谨、科学的信息管理机制，对确保德育系统的有序性、和谐性和一致性至关重要。

（一）全面收集与监测信息

为了确保信息管理机制有序运行，首要任务是全方位地进行信息收集与监控。只有当我们获取的信息是全面、详尽且真实的，我们的信息分析和判断才能准确，进而影响德育工作者的决策方向和对出现问题的有效应对。因此，只有全面、确切、真实地收集信息才具有意义。

1. 合理设计收集信息的人员结构

在高等教育机构中，为实现“三全育人”目标，所建立的信息管理体系面临着大量、广泛且变化迅速的信息处理挑战。信息来源多样、散落，因此，高校的信息管理机制需要从传统模式中跳脱出来，形成一个更为开放、多样的框架。

信息管理部门应摒弃单一模式，构建一个由教师、学生、行政人员和后勤人员等多元角色构成的网状架构。此结构不仅涵盖了学校的决策层，也包括了学生。这种方式可以从各种层次确保信息的真实、完整和客观。

每个信息收集者都应有明确的任务。例如，教师可以通过网络和其他途径搜集宏观信息，如国家政策、热门话题和教育趋势，并从与学生的互动中了解他们的性格。行政人员可以与其他部门如教务处、学工部和团委合作，使用学校的媒体资源，如学校报纸、电视和网站，来收集和记录学校的教学和管理信息。班级领导应关注学生的思维和关注点，通过班级活动和交流来观察和记录他们的表现。后勤人员可以设置意见箱或在线意见板，收集关于校园生活和食堂的反馈，并定期与学生代表交流，收集他们对服务和员工表现的评价。

为保证信息的流动和共享，各部门之间的交流至关重要。学工部、团委、学生会、后勤和保卫部应每周举行两次交流会议，分享各自的信息，由核心部门统一整合，共同努力为学生的全面发展提供支持。

2. 要善于利用互联网等工具，掌握现代信息技术

在信息爆炸的时代，互联网无疑是最重要的信息获取渠道。因此，高校应加强对教师信息素养的培训，确保他们能够有效利用这一工具，并掌握现代信息技术。高校可以建立一个内部的信息采集平台，同时确保其安全性。负责收集信息的人员应确保信息及时更新，为反馈和交流提供支撑。而校园网络论坛（BBS）则是学生的主要信息交流平台，它可以真实反映学生的思考和态度，因此值得给予足够的重视。简而言之，我们需要最大化地利用互联网的优势，确保所收集的

信息是全面、客观和真实的。

（二）注重分析与诊断信息

为确保信息管理机制的有效运作，对信息进行分析和诊断至关重要。面对来自各方的混合信息，尤其是互联网上的复杂信息，信息管理部门的员工需要运用其知识和经验来鉴别信息的真伪，筛选出真实有效的部分。接着，通过深入的分析和诊断，找出潜在的问题和不足。

在这个过程中，以下几点需要特别关注。

实事求是的态度：在分析和诊断过程中，必须摈弃主观偏见，客观地看待信息，确保对事实的准确解读。

全面性与预测：面对大量和多样的信息，我们需要结合定性与定量分析，同时考虑短期和长期的评估。只有这样，我们才能确保对信息的全面理解和准确预测。此外，我们还应尝试预测潜在的问题和风险，从而采取预防措施，确保教育教学过程的平稳进行。

总的来说，我们需要充分认识到信息管理在高校中的重要性，并采取有效的策略来确保其有效运作。

（三）及时反馈与调节信息

在这个高度互联的社会中，信息的传递和互动起到了至关重要的作用。这种信息的互动往往伴随着对信息的调整和反馈。在“三全育人”德育框架中，信息的回馈成为确保系统稳定性和可持续发展的核心。这种反馈和调整确保了信息管理流程的顺畅和有效，也是信息管理工作的核心部分。例如，为了评估教师的教学方法，通过学生的考试成绩和反馈来进行评估，帮助发现缺陷并进行改进。另外，后勤服务也依赖学生的反馈，通过各种方式（例如意见箱或在线平台）获取对食堂、住宿等设施的反馈，进而优化服务。没有反馈，德育系统的信息流会变得单向，导致整个系统失衡和不稳定。

1. 信息反馈须及时

之前的信息收集、诊断和分析的根本目的是识别并解决问题，从而确保德育体系的稳定和高效运行。因此，必须在第一时间将反馈传达给相关人员和部门，以便他们采取必要的措施。例如，与学生定期沟通餐饮需求，保证信息的及时性，从而能够更好地调整服务。信息的滞后会导致信息丢失或失真，这不利于决策制定和问题解决。因此，信息的收集、更新和传达需要持续和定期进行，帮助所有相关方及时采取行动。

2. 重点是适时采取调整措施

信息管理部门需要有明确的责任划分和明确的职责，确保每个部门的工作高效和有序。在对信息进行收集、分析和反馈之后，最重要的任务是对所诊断的问题进行调整。这包括改进现有方法，避免重复错误，根据新的目标和情况制订计划，确保德育系统顺畅运行。教师应根据学生的反馈来调整他们的教学方法，而管理人员和后勤人员也应根据反馈来改进服务和管理，以满足教师和学生的需求，提供更好的环境和服务。

二、完善“三全育人”相关制度

制度是社会运行的基石，它为社会成员的行为提供了清晰的指引。这些行为规范体现了社会的价值观和预期，而制度则确保了这些价值观在社会中的稳定传递和体现。从政治到经济，再到社会学，制度都是关键的研究对象。

无序无章的行为可能导致混乱和失衡。正如古人所言，行为需有规矩。而在各个系统中，制度不仅仅是行为的框架，更是系统运行的基础。特别是在德育体系中，一个德育理念要在实际中产生深远影响，必须通过制度得到具体化和执行。而没有制度的支撑，德育理念只能是停留在纸上的空谈。制度是实践德育理论的基础。要构建一个高效的德育模型，除了需要领导的远见和专业的团队，最关键的是要有一套能够确保德育理论得以实施和执行的严格制度。这正是“三全育人”德育模式所追求的，它需要有严格的制度来支撑其运行和发展。

（一）建立整合制度

制度的整合则是为了提高效率。整合不仅仅是将各个部分组合起来，更是为了实现更大的价值和效益。特别是在教育领域，资源整合的重要性尤为突出。面对有限的资源，我们需要在开发新资源的同时，更好地整合现有的资源。在德育体系中，我们应该不仅充分利用现有资源，还应发掘潜在资源，并通过整合策略实现这些资源的最大化应用。这也是“三全育人”模型的核心思想，即充分调动所有的资源，形成一个全员参与、全过程实施、全方位涵盖的德育模式。因此，为了满足这一目标，建立整合制度是至关重要的。

1. 整合德育队伍

德育的核心理念和实际应用之间，存在一个桥梁：执行。这执行的主力军是具备实践能力的德育团队。作为一个重要的德育资源，整合德育团队是确保资源最优化利用并实现其最大效益的关键步骤。为了成功实施“三全育人”模型，我们必须首先确保拥有一个经过良好培训、高效执行德育任务的团队。

这样的团队不仅仅限于德育教育者，实际上，在“三全育人”模型中，德育的实践者的界限被扩大，现在包括了所有的高等教育机构的教职员工。基于这个事实，高等教育机构应该在他们的政策和规定中明确每一个员工的德育责任。这不仅能确保每个人都了解并承担自己的职责，而且还能鼓励所有成员，无论他们的角色如何，都能在自己的岗位上做出贡献，实现真正的全员参与育人。

更进一步，为了保持团队的高效性和持续的专业发展，应当在制度中加入团队成员定期参加理论培训、实践反思和交流的要求。这种制度化的途径不仅强化了团队的德育意识，而且有助于提高其整体素质。

2. 整合德育渠道

学校是德育的基石，而课堂是实践德育的主要场所。但在当前的“三全育人”模型中，我们需要有更广泛的视野，整合更多的德育渠道。

高等教育机构可以在其制度中纳入德育渠道的整合。例如，制定定期的“家校互动”策略，加强与学生家庭的联系和合作，促进家庭教育和学校教育的无缝对接。此外，可以设立特定的“课外活动月”或重大纪念日活动，鼓励学生参与并体验德育的实践。再比如，组织学生进行实地考察，使他们能够将在课堂中学到的理论知识与现实生活相结合，实现真正的德育教育。

（二）建立监控制度

监控原是航空与机械工程中的关键环节，指的是实时地、连续地检测装备或系统的状态，并依据所接收到的反馈信息对出现的异常进行自动干预。如今，随着科技的飞速进步和通信手段的日新月异，这种原理不再仅限于工程领域。它现已被借鉴至德育体系，以确保“三全育人”模式得以稳定、和谐地运作。

我们正生活在一个信息交流无所不在的开放世界。在这样的背景下，学生容易受到外部环境的各种信息和思想的影响，使得德育体系也变得更为开放和多元。为确保“三全育人”德育模式正常、有效地运转，我们需要一个能够实时监测德育系统的制度。这样的制度能够依据监测数据和反馈来针对性地应对突发状况和问题，保障德育模式稳定而有序地进行。

1. 以“育人”为核心，确立监控目标

在实施任何制度前，都应当首先明确其目的。目的是制度设计、实施和维护的根本方向。考虑到“三全育人”模式的目标是通过整合德育资源来达成德育合力，我们可以认为，监控制度服务于这一模式，其最终目标自然是“育人”。因此，在制定监控制度时，我们应当以人的全面发展为核心，确保制度设计真正体现“育人”的目的。

具体而言，这意味着监控制度应覆盖德育教学、德育科研、德育管理和服务等各个方面，从而实现对整体德育系统的全方位、深入的监督。只有这样，我们才能及时了解和把握德育系统的发展趋势，从而使其朝着更为积极、健康的方向发展。

2. 成立监控机构，明确职责权限

有效的监控制度需要有专门的机构去执行。为此，我们必须设立一个监控机构，明晰其中的职责与权限，并确保不同部门之间的工作关系明确、有序。由于监控的领域包括教学、管理、科研和服务等，各部门可以基于其主导功能来执行相应的监控任务。例如，教务处负责大学的教学活动，因此其应全程调度、控制、监督和协调教学过程。学工部和团委则主要涉及学生的工作，其重点是对学生教育和管理过程进行监督和控制。每个部门职责不同，监控的重点和方法也会有所区别。

（三）建立考评制度

《中国普通高等学校德育大纲》指出：“德育考评是高校德育工作的重要环节，是实现高校德育目标的重要保证。”[①] 通过德育考评，学校能全方位地掌握学生的思想道德发展情况；能够及时获取德育反馈，发现并解决问题，从而加强并优化德育工作。因此，构建科学的德育考评制度，是确保“三全育人”德育模式得以实施的关键。

1. 确立考评目标和内容

考评的目标和内容应根据考评对象而设定，并以德育的整体目标为基准。大学德育的终极目标是培养学生的道德觉悟，推动他们全面发展。因此，考评的目标也应以“育人”为核心。在传统的德育考评中，主要侧重于学生的评估，但“三全育人”模式强调全员参与的德育方式。因此，考评应有全方位的考量，包括学生的思想道德评价，以及教职工在教学、管理和服务中的德育表现。在构建考评制度时，我们应明确考评的目标、对象和内容，确保其具有全面性和深入性。

2. 考评应秉持公正客观的原则

德育考评旨在反映和检验德育的实际成效。为了确保考评结果能够真实、客观地反映德育的实际情况和学生的真实表现，公正和客观成为不可或缺的两个关

① 葛小凡．高职教育人才培养质量监控制度建设研究与实践[J]．南京工业职业技术学院学报，2005（3）：3.

键原则。只有当我们保证评价是基于公正和客观的标准时，德育工作者才能根据考评结果精确地了解德育成效以及其中存在的问题，并据此进行针对性的调整和改进，推进大学德育工作的持续完善。

3. 考评方法应当科学化

为了得到真实、客观的评价结果，我们必须采用科学、合理的评价方法。《中国普通高等学校德育大纲》明确指出：“大学生德育考评应坚持实事求是，采用科学方法和技术手段进行整体考核和综合评定，力求客观公正。”① 具体而言，应当综合多种考评方法，如形成性评价与终结性评价、全面考评与重点考评以及他评与自我评价等，并确保它们在德育考评制度中得到明确规定，以确保“三全育人”德育模式从理论到实践都能够得到有效的体现。

（四）建立激励制度

激励是一种有效的动力来源，能够激发人的内在潜能，促使其朝着特定的目标和方向努力。虽然激励机制最初起源于企业管理，但其在教育和德育领域同样具有重要的价值。通过建立德育激励制度，我们可以有效调动教职员工在德育工作中的积极性和创造力，增强团队凝聚力，同时也可以根据学生的个性化需求为其提供适时的引导和鼓励。因此，建立合理、有效的德育激励制度是“三全育人”德育模式成功实施的关键环节。

1. 确立构建激励制度的宗旨和原则

德育激励旨在通过各种策略与手段，点燃人们的内在热情，促使其以更高的道德认知和行为呈现出自身的活力与创新能力。当高校决定设计德育激励制度时，其首要任务是界定该制度的基石原则。以“三全育人”为典范，德育应聚焦“育人”的核心理念，因此，制定激励制度时应遵循“人本主义”的指导思想。在制订具体的激励措施时，高校需要确保这些措施满足了学生和教职员工的心理需求和期望，真正达到激发其积极性的目标。执行这些激励措施时，必须恪守真实、公正的评价标准，避免受个人主观情感的影响。

2. 明确激励的对象及方法

“三全育人”强调了德育工作的全员参与和合作精神，将激励视为推进德育合作的助推器。因此，激励不应仅限于学生群体，还需涵盖全体教职工。这种全员激励不仅有助于提高教职工的德育教学热情，同时也能帮助学生树立正确的道

① 盖元臣．高校德育激励机制的构建[J]. 齐齐哈尔大学学报（哲学社会科学版），2007（3）：168—169.

德信念和行为模式。激励策略应深度融合奖励与处罚、激发与鼓舞等机制。具体激励手段可结合物质和精神双重奖赏。例如，为了激励教职工投身德育，学校可以将德育成果与职称晋升、福利待遇等紧密关联，表现优异的工作人员将享有更多的权益；而未达标或工作不力的人员则应接受相应的处罚。与此同时，对于道德表现出色、积极向上的学生，除了提供奖学金等物质奖励，还应进行表彰，而对于行为失范的学生，则应给予相应的处罚，确保奖惩分明。

第二节　加强队伍建设、优化课堂教学

一、形成各部门齐抓共管的队伍机制

国家之兴，始于教育；教育之兴，靠教师。在整个教育体系中，教师具有举足轻重的作用。事实上，如今的教育队伍不仅仅局限于教师，其定义已经得到了进一步的扩展。这样的教育团队是国家教育改革与稳健前进的关键支柱，而队伍的综合素质直接关系到教育的效果。本质上说，德育是教育的核心，而德育团队则对高校的德育工作起到了决定性的作用。他们是高校执行德育策略、实施德育活动以及培养下一代社会主义接班人的中坚力量，也是高等教育改革、进步与稳固的基石，同时更是优化大学生思想政治教育的保障。

高等教育中的德育团队主要由学校的党政管理人员、共青团管理人员、思想政治理论课与社会科学课的教师以及学生思想政治教育工作者与班主任组成。这些不同的参与者在德育中所扮演的角色和肩负的任务也各有差异。学校的党政及共青团干部主要承担学生思想政治教育的策划、调度和执行任务；思想政治理论课与社会科学课的教师则依据自身学科特色和内容，对学生进行深入的思想、品格与人文教育；而思想政治教育工作者与班主任作为大学生思想政治教育的关键人员，分别负责按照学校的方向进行有针对性的教育工作和指导学生如何应对学习与生活中的种种挑战。为了确保“三全育人”德育策略能够有效地执行并达到预期效果，必须根据党中央的指导原则并结合高校的具体情境，培养一支理念坚定、技能卓越的思想政治教育团队。

（一）党委统一领导

《中国共产党普通高等学校基层组织工作条例》明确规定：“高等学校实行党

委领导下的校长负责制。”①这从组织结构上确保了党委在教育体系中的核心领导地位，实现了其对学校事务的全面主导。为保障德育工作有序进行，必须确立以党委为主导，政府、团体和全体教职员工共同参与的工作模式。党委主要领导和决定学校德育的大方向，负责制定政策、计划以及协调其他部门开展德育实践。在“三全育人”德育策略中，全体参与并不意味着各方参与者任务相同，而是各有分工，在党委的领导下协同工作。通过党委的集中领导与各部门的分工合作，共同打造全员参与的德育格局。所以，是否能构建这样的德育格局、全体成员能否为了共同目标而共同努力，很大程度上取决于党委的领导能力和团结力。为此，应加强党组织的建设，确保高校德育工作有序推进，并聚集各方之力，确保德育工作的有效性。

1. 加强党组织的作风建设

党组织在高校中必须把思想建设和师生的思想政治教育放在首位。党委领导层应以马克思列宁主义、毛泽东思想、邓小平理论、“三个代表”重要思想、科学发展观、习近平新时代中国特色社会主义思想为指针，持续深化对社会主义核心价值观的学习，确保用先进理论来引导自己，并坚守党的教育方向。对于在高校中存在的过分重视业务而忽略政治学习和思想政治工作的趋势，应进行纠正，释放思想，开拓创新，推进学校德育工作。此外，党委还需强化组织建设，提高党组织的凝聚力。同时，基于日常工作，加强党风建设，使党组织成为广大教职员工和学生的楷模，提高党的影响力和公信力，体现党的先进性。

2. 发挥党的政治优势和组织优势

高校的党组织需要高度重视并且积极参与学生党员的发展和培养。作为一股先进的力量，中国共产党在领导社会主义事业方面发挥着核心作用，而大学生作为国家未来的接班人和社会主义事业的建设者，也具有至关重要的作用。因此，党委应该在大学生中发掘并吸收优秀的年轻力量，使其加入党的队伍中来。在此过程中，需要坚持严格的标准和严谨的程序，重视和强化大学生党组织的建设，增强党员队伍的团结和战斗力。

在招募和培养党员方面，党组织应重视对潜在党员的早期培养和教育。首先，应该通过系统的教育，向他们传授关于党的基础知识，同时也要给予他们在实践中锤炼和提高的机会。其次，对于已经是党员的大学生，党组织也应该进行持续

---

① 欧阳淞．高等学校实行党委领导下的校长负责制的实践与思考[J]．红旗文稿，2011（5）：10—14．

的先进性教育，引导他们树立严于律己的标准，充分发挥他们在思想政治教育中的示范作用。通过这样的方式，可以确保党的队伍不断壮大，且党员能够在德育工作中发挥积极的作用。

（二）学工部和团委组织协调

学工部是高校中专注于学生工作的部门，其在党委的领导下，主要涉及学生的思想政治教育、行为管理、学生服务以及宿舍管理等工作。简而言之，学工部的重点在于：一是配合党委的方针，与其他部门合作推进思想政治教育；二是确保学生的日常生活得到妥善管理。“全方位育人”模式要求学工部在当前的背景下，有针对性地进行思想政治教育。而作为这一部门的主要服务对象，学生的实际需求和问题应该被有效地解决。青年组织，如团委，也在党委的指导下负责发展青年组织并组织学生的思想政治教育。具体说来，学工部和团委需要做到以下两点。

首先，学工部和团委应该明确当前的情况，加深理解，并提升自身的水平。历来，这两个部门都在学校的教育、管理和研究服务中发挥着关键作用。面对全球经济、技术的快速发展和高校扩展等因素，高校的德育环境和要求都发生了显著的变化。为了与时俱进，这些组织需要更新其德育观念，适应新时代的要求。“全方位育人”模式正符合这个时代的德育需求，因此，学工部和团委应增强整体育人的观念，并持续提升自身的水平。

其次，学工部和团委应明确自己的职责，为学生的全面发展提供服务。尽管两者都在党委的指导下工作，但他们的职责侧重点不同：学工部主要关注学生的日常需求，而团委还涉及青年组织的建设。因此，两者应明确各自的角色，并相互合作，为学生提供全面的支持和服务。

（三）强化班主任、思想政治教育工作者的骨干作用

在大学里，班主任与思想政治教育工作者在学生工作中扮演着关键角色。根据《关于进一步加强和改进大学生思想政治教育的意见》的相关要求，思想政治教育工作者主要按照党委的方针进行思想政治教育，而班主任更偏重于在学生的思想、学业和生活方面给予指导。从这可以看出，尽管班主任和思想政治教育工作者都是德育的核心，但他们的任务有所不同。思想政治教育工作者重在开展思想政治教育，而班主任则聚焦于日常班级管理。因此，双方应确保各自的核心职责得到充分发挥，并通力合作，为学生提供全方位的教育。

1. 与时俱进，不断提高自身综合素质

面对一群思维敏捷、价值观在形成中、对新事物非常敏感的大学生，只有当

班主任和思想政治教育工作者本身具备较高的素质，他们才能有效地引导学生，成为他们的“人生指南”。个人修养是他们成功执行任务的关键。为此，他们需要加强对马克思列宁主义、毛泽东思想、邓小平理论、“三个代表”重要思想、科学发展观、习近平新时代中国特色社会主义思想等先进思想的学习，严格遵循党中央关于高校德育的指导，持续提升自己的理论知识和素养。同时，他们也需要掌握相关的专业知识，提高自身在政治、道德、科学文化和心理等方面的素质，以确保他们的教育工作能够站在坚实的基础上。

2. 以学生为本，将德育与解决学生实际问题紧密结合

班主任和思想政治教育工作者不仅是学生思想的向导，还是他们生活的支持者。然而，现在的德育中常出现的问题是教育者与学生之间存在距离，缺乏深入的交流。为了提高教育效果，班主任和思想政治教育工作者需要站在学生的角度，主动深入了解他们的内心世界，与他们建立真挚的师生关系。只有了解了学生的真实想法和性格，才能进行有效的价值观导入，将德育与学生实际问题的解决紧密结合，从而使教育工作更加具有针对性。

（四）发挥两课教师的主导作用

“两课”——马克思主义理论课和思想政治理论课的教师，是学生接受思想政治教育的首要导师。学生的核心价值观、行为标准等大多是通过这两门课程来塑造的。这些教师的主要任务是为学生提供思想理论指导、道德教育。因此，“两课”教师在高校德育工作中的影响是不可或缺的。然而，当前一些“两课”教师在教学方法或思维上存在局限，如过时的教学观念、单调的教学手段、老套的教学策略，或是理论深度不足，无法将理论知识与学生的实际生活经验相结合，导致教学效果不尽如人意，使学生感到这些理论既复杂又无趣，进而影响他们的学习兴趣。为此，作为高校思想政治教育的核心践行者，“两课”教师必须在各个方面进行自我提升，以实现更为有效的德育。

1. 丰富知识储备，改革教学方式

“两课”教师所讲授的内容理论性强，这就要求教师自身拥有扎实而广泛的理论基础。具备丰富的理论知识是“两课”教师有效开展教学的基石。他们应当加深对政治理论和相关领域的研究，确保自己具有清晰的政治立场、坚定的政治信念，并持续更新自己的知识库。为了与学生建立起更紧密的联系，教师需要摒弃一些传统的、过于机械的教学方式，可以考虑组织专题研讨、播放相关纪录片、进行有关社会议题的辩论等，旨在以更具吸引力的方式进行教学，从而更好地提

高学生的学习兴趣和德育效果。

2. 塑造教师的人格魅力

教师的人格魅力对于学生有着难以估量的影响力。如俄国教育家乌申斯基所言：“在教育工作中，一切都应以教师的人格为依据，因为教育力量只能从人格的活的源泉中产生出来，任何规章制度，任何人为的机关，无论设想得如何巧妙，都不能代替教师的人格作用。”“两课”教师不仅应通过知识来教导学生，更应以他们的崇高情操、宽广胸怀和坚韧人格来感染、鼓励和引领学生。只有通过真诚的言传身教，教师才能深刻地影响学生，达到真正的教育目的。

（五）发挥行政管理人员的管理育人作用

实施“全人教育”，我们必须把思想政治教育融入日常管理，真正实现管理育人。管理不仅仅是一种手段，更是教育的载体。高校中，行政管理人员扮演着关键角色。他们的素质、管理哲学和实际能力，对于管理育人有着重要的影响。历史上，存在一个观念误区，即将思想政治教育仅视为“两课”教师的任务，而与日常管理划清界限，忽视了管理者在育人中的作用。要想真正发挥行政团队的育人功能，我们需要彻底改变这种思维。

行政管理者首先需要更新他们的管理观念，更加注重育人。他们应以学生为中心，不断提升服务意识，淡化过度的行政权威，更加关注学生的需求和发展，融合管理与育人。孔子曾经指出，一个人如果不自律，那么无论多少命令也难以使他顺从。管理者必须正视自己的角色，认识到自身的行为、工作态度和道德标准都会对学生产生深远的影响。为此，管理者需要不断学习，提升自己的素质，形成正确的价值观，真正成为学生的楷模，从而获得学生的真正尊重和信赖。

（六）发挥后勤人员的服务育人作用

在高等教育领域，培养具有全面能力的学生一直是教育者的至高追求。尽管教学是人才培养的主要手段，但学校的管理和后勤服务工作也扮演着重要的角色。从宏观的角度看，服务于人才培养的思想应该融入学校的每一个环节，无论是教学、科研还是管理，特别是后勤保障工作。邓小平曾指出：“后勤工作的任务，就是要为科研工作、教育工作服务，要为科研工作者和教育工作者创造条件，使他们能够专心致志地从事科研、教育工作。”[①] 过去，我国的高校德育可能过于强调

① 杨松海．以邓小平理论为指导积极推进高校后勤社会化改革[J]．德州师专学报，1999（4）：7-9.

后勤服务的功能性，而忽视了其在人才培养中的深远影响。后勤服务不仅仅是为学校提供物质上的支持，更重要的是其所蕴含的育人价值。如果我们能够重新审视并发挥后勤服务在人才培养中的潜在功能，我们就能够构建一个全员参与、多方合力的育人大格局。要实现这一愿景，后勤人员的角色是至关重要的。

首先，他们需要确立“育人为先”的意识，真正理解自己在高校人才培养中的价值。与传统服务工作相比，高校后勤服务更应注重对学生的正面影响和启发。这意味着后勤人员在开展工作时，不仅仅是为了完成任务，更是为了培养人。

其次，道德修养在后勤服务中尤为关键。服务的态度、专业水平和服务质量都直接或间接地影响着学生。长时间与后勤人员接触的学生会受到他们的潜移默化的影响。为此，后勤人员应该努力提高自己的思想和文化水平，始终保持积极的态度和高水准的服务，从而成为学生成长过程中的正能量来源。

最后，后勤人员应该持续学习，确保能够为学生创造一个有利于学习和成长的环境。这不仅仅是物质环境，更重要的是一个充满正能量、和谐友善的心灵环境。只有这样，后勤服务才能真正发挥其在高校人才培养中的独特作用。

二、优化课堂教育机制

课堂教育在高校的德育体系中起到了核心作用。但为了确保德育的持续发展和深度，仅依赖传统的课堂教育是不够的。高校应当将德育与社会现实相结合，努力构建跨时空、多维度的全方位育人模式，集成德育资源、拓展教育途径、刷新教育方法，从而为德育的创新提供强有力的支撑。

（一）发挥第一课堂的主阵地作用

虽然课堂教学是传授德育知识的基石，但其意义远不止于此。通过课堂，学生不仅学习到了德育的基本理念和价值观，还了解到了应如何在日常生活中践行这些原则。中共中央和国务院都已强调，课堂教学在大学生思想政治教育中占据重要的地位。德育的实践者必须明白，要真正做到德育有效，就要充分发挥课堂在整体教育中的作用。

1. 编写优质的德育课程教材

教材对于德育教学具有基础性的作用。它不仅是教师教学的重要参考，也是学生学习道德价值观和深入探索马克思主义思想的关键资源。然而，教材的内容质量会直接影响到德育的传递效果。事实上，我国目前在德育领域所面临的挑战，部分原因在于教材的滞后性以及与学生实际需求的不匹配。一些教材过于理论化，与学生的真实生活和社会发展趋势有所脱节，这导致学生在毕业后很难将所学知识与实践相结合。

为此，我们需要重新审视德育教材，确保其内容与社会的发展和学生的实际需求相适应。这需要我们在维持传统知识的基础上，注入新的内容和观点，确保教材能够真实反映时代的特色和需求，同时也具有深刻的思考性和中国文化的独特性。

2. 改革德育方法

虽然拥有高质量的德育教材为德育教学奠定了基石，但真正的教学成果取决于教师的能力和教学方法。优质的教师不仅是知识的传递者，更是德育成果的实现者。因此，那些具备深厚的德育知识、教学经验和独特的教学方法的教师，往往能够为德育教学带来深远的影响。

作为德育教学的核心，马克思主义理论课和思想政治教育课为教师提供了广阔的探索空间。高校的教育者应当不断思考如何将这些课程与现代化进程以及大学生的实际思想需求结合起来。通过设置道德难题的讨论、辩论环节，将学生投入复杂的道德选择场景中，激发他们的批判性思维。此外，组织学生参观爱国教育基地，使用启发式与传统教学方法相结合的方式，不仅可以提升德育教学的吸引力，更能帮助学生建立坚定的世界观、人生观和价值观。

除了核心的德育课程，高校中的其他课程也都承载着教育学生的责任。对于教师而言，不应该只是局限于专业知识的传递，而是应该深入学生的学习和生活中，让思想政治教育成为他们日常生活的一部分。这不仅需要教师在教学、科研和其他服务环节中贯彻德育原则，还需要他们关心学生的真实需求和困惑，与学生进行有效的互动和交流。

（二）开辟第二课堂的重要基地

古人云：“纸上得来终觉浅，绝知此事要躬行。”① 这说明了只有将单纯的书本知识与人的活动和实践相结合，才能获得更深刻的知识。王如才在《主体体验：创新教育的德育原理》一书中说：“活动是人类的根本动力与方式。道德是在活动中产生的，只有富有意义的、自然的、新颖的教育活动，才能实现人的自主发展。”② 人的活动是个体成长和社会价值观形成的关键，同时，也是我们不断积累

① 杨晓虹．习作教学因融于生活而精彩[J]. 考试周刊，2015（81）：49.

② 王如才．主体体验：创新教育的德育原理[M]. 济南：山东教育出版社，2004.

经验和感情的过程。道德观念是在这种经验积累中形成的。

德育教学是传递道德观念和价值观的关键环节，但学生需要通过实际行动，将所学的道德观念转化为真正的行为，这样才能深入地理解道德的真谛。仅仅依赖课堂传授理论，而忽视实践活动，会使德育教学变得单一，缺乏活力。由于理论与实践是现代德育模式的核心特征，因此，我们需要更加重视课外活动，为学生提供更多的实践机会，让他们在实际行动中深化对道德的认识，从而全面地提高他们的综合素质。

1．开展校园文化活动

校园文化活动涵盖了学生课余时间内的多种活动，如运动竞技、艺术展演和社会实践等。这类活动是大学思想政治教育中的隐形宝藏。将思想政治教育与这些活动相结合，能够在不被察觉的情境中对学生进行教育，达到“春雨悄悄湿润”的教育效果。开展这些文化活动时需要注意以下几点。

首先，校园文化活动应多样化，同时不失其教育方向。作为学生的第二课堂，这些活动不仅为学生提供了学习之外的放松和娱乐机会，更能培养他们的兴趣，拓展他们的视野。为了吸引学生参与，活动内容应富有创意，形式多变，如组织讲座、辩论比赛、科技竞赛等，满足不同学生的需求。同时，这些活动应始终坚守其培养人的目标。这就要求我们在设计这些活动时，结合教育性、趣味性和知识性，确保学生在参与中既能学到东西，提升自己，又能找到乐趣。

其次，应以重要的节日和时事为背景，将德育理念融入校园文化活动中。我们可以围绕传统节日或社会大事件设计有深度、有特色的活动主题，使之成为学生愿意参与的项目。例如，我们可以举办以“绿色未来，追求低碳生活”为主题的征文或创意大赛，或者以“端午情怀，追随古人足迹”为主题的爱国教育活动。这种结合热点的方式能使德育活动更有吸引力，从而提高其实际效果。

2．开展社会实践活动

社会实践活动是新时期高校德育的重要途径和环节。著名教育家陶行知曾指出：“教育只有通过生活才能产生作用并真正成为教育。”教育必须与社会实践相融合才能实现其真正意义。参与社会实践能让学生将所学与实际相结合，进而加深理解、拓宽视野，深入了解国家和社会，提升个人能力。因此，社会实践成了全方位育人德育模式中的关键环节，也是强化德育影响力的主要路径。

首先，大学需要加大对社会实践活动的管理力度。由于社会实践涉及的范围广泛并较为复杂，学校各部门需要协同合作，确保活动顺利进行。学校应明确实践活动的主题，并与学生事务部门沟通，结合教学目标或主题开展实践活动，增强其目的性。此外，学校还应与社会组织、企业、政府部门等合作，获得资源支持，为社会实践活动做好前期筹备。学校应建立完善的评价、考核和激励制度，确保学生积极参与，发挥自己的能力，并培育良好的品质。

其次，社会实践活动应形式丰富、分步实施。为实现学生的全面成长，社会实践应不局限于单一的方式或形式，而是应涵盖多种活动。学校可组织学生参与如参观历史遗迹、社区服务、志愿活动、政府或企业实习、社会调研等多种形式的实践活动。这不仅能够激发学生的积极性，还可以扩大其视野，帮助他们锻炼和提高自己。

（三）拓展第三课堂的延伸空间

在新时代，青少年的思想和道德成长是学校、家庭和社区三者共同努力的成果。单一侧重任一方都难以全面塑造青少年的思想和道德观念。对于大学生来说，思想道德的培养集中于道德判断技巧和道德行为的培育。尽管学校在培养学生的道德判断技巧、行为习惯以及传授道德价值观方面发挥着核心作用，但很多道德行为习惯的形成还是受家庭和社区氛围的共同影响。

“三全育人”德育模式提倡的是一个综合、有序、开放的德育策略。它强调汇聚各种德育资源，激发全社会的德育潜能，并为德育大业建设共同努力。因此，为了更好地促进大学生的全面成长并提高德育的实际效果，我们需要构建一个融合学校、家庭和社区的开放、有序、严格的“三全育人”德育体系。

1. 重视开发家庭和社区的德育资源

每个人的价值观、性格和行为都受家庭的影响。家庭是孩子的首要教育者，它对孩子的德育起到了不可替代的作用。为了更好地塑造孩子的道德品行，我们必须重新认识和强调家庭教育的重要性。

尽管在中国，家庭教育在孩子的学术成就上发挥了很大的作用，但我们也看到，有些家长为了孩子的学术表现投入了过多的资源，却忽视了对孩子品质的培养。这种倾向性的教育方式不仅缩窄了家庭教育的真正含义，更有可能导致孩子在面对现实生活中的道德选择时缺乏判断力。孩子的价值观不仅来源于教科书，更多地受家长日常行为的影响。因此，当家长努力为孩子树立道德楷模时，他们应该注重自身的言行。只有家长自身拥有高尚的道德品质，才能为孩子提供一个积极健康的家庭教育环境。与此同时，家长与孩子之间的关系也需要调整，确保与孩子建立起一个平等、尊重和理解的关系，让孩子在一个充满爱的家庭中健康成长。

除了家庭，社区也在青少年的德育中起到了关键的作用。随着社会的发展和变革，社区已经成为青少年的另一个学习、生活和社交的空间。要真正发挥社区在德育中的作用，首先需要创建一个积极的社区环境。建立专门针对青少年的社区服务中心、志愿者站点，提供丰富的读物资源，如社区图书馆，以及弘扬爱国精神的教育基地，都是有效地提升社区德育功能的手段。

然而，社区的德育责任不仅仅在于提供积极的资源和服务。社区还需要采取措施，净化社区环境，过滤那些可能损害青少年健康的不良因素，如封建迷信思想、不健康的文化内容。社区应加强监督，打击那些威胁青少年权益的非法活动，确保为他们创造一个安全、健康的成长环境。

2. 建立以学校为主体，家庭和社区为两翼的合作机制

学校作为培育大学生的主要舞台，承载了深厚的责任和期望。它传递的不仅是学术知识，更是一个时代的文化底蕴和社会价值观。当我们谈论大学生的思想和道德发展，学校扮演着至关重要的角色，是其成长过程中的指路明灯。然而，家庭和社区同样扮演着不可或缺的角色。家庭是每一个人生命中的第一个教育场所，父母和家人的每一句话、每一个行为都在为孩子树立榜样。社区则是孩子与社会接触的初始地点，他们在此学习如何与人互动、如何融入大集体。这两个部分与学校共同构成了一个完整的德育生态。为了确保德育的深入和全面，需要形成一个“三全育人”模式，即学校、家庭、社区三者紧密结合。这需要三者之间加强协同和沟通，以确保德育的目标和方向是统一的。学校应该作为中心，而家庭和社区则像两只强大的翅膀，共同支持和促进大学生的全面成长。

为了加强与家长的沟通，高校可以充分利用现代技术，比如在校园网上设立“学生档案”“家长园地”“教师中心”等专门板块。这样，家长就可以随时了解孩子在学校的学习和生活情况，与教师进行互动和交流，同时教师也可以更好地了解学生的家庭背景和需要。

与此同时，社区也应该与学校建立紧密的合作关系。例如，社区可以根据学校的德育课程设置，推出相应的社区活动或者课程，确保两者之间的教育内容是一致的。社区还可以积极参与学校的德育项目，共同构建社区教育网络，并开展试点工作。

第三节 构建完善的育人环境机制

环境，广泛地说，包括一切能够影响人类的外部因素。人生活在某种环境之中，与其相互作用、相互依存。正因为这种相互影响的关系，我们必须致力于塑造一个有益于人类成长和发展的环境。在教育领域，我们经常听到“德育环境”这个概念。简单来说，它是指对人类思想、政治、道德等各个方面产生影响的所有外部条件。这种影响可以是积极的，也可以是消极的，这取决于环境的具体内容。对于高等教育来说，德育环境的重要性更是不言而喻。这种环境直接影响到大学生的道德观念和情感，从而决定着教育的长远目标是否能够实现。

近年来，随着我国经济和社会的飞速发展，德育面临着前所未有的机遇和挑战。经济全球化和社会转型对传统的德育环境产生了深远的影响。面对这种变化，教育部门必须及时调整策略，优化德育环境，以应对这些新的挑战。“三全育人”德育模式正是在这种背景下应运而生的。这是一个动态、开放发展的教育模式。其核心理念：只有充分利用和优化各种德育资源，我们才能确保教育的效果。

一、完善校园物质环境建设

在实际操作中，我们要着重考虑校园物质环境的建设。这是因为校园环境不仅是学生学习和生活的场所，更是塑造学生道德观念的重要载体。校园的布局、基础设施等都与学生的成长息息相关。优化这些物质环境，能够为学生提供一个更有利于德育的环境，从而促进他们的全面发展。

（一）优化校园布局

校园是学生生活和学习的主场，其布局关系到学生的学习效率和生活品质。一个合理、人性化的布局能够展现学校的风采，同时满足师生的多样化需求。良好的校园布局考虑的不仅是学校的美观，更在于其实用性和符合人的生活习惯。例如，图书馆和宿舍的位置关系直接影响学生的学习效率和休息质量，合理的布局既要满足学生的需求，也要避免不必要的空间浪费。因此，我们要结合学校的教育理念，综合考虑地形地势、经济预算和师生的需求，以此来构建最理想的校园布局。

此外，校园基础设施，如图书馆、多媒体教室、体育馆等，是塑造良好学习环境的关键。它们不仅是教职员工进行教育工作的场所，也是学生进行学习和生活的重要载体。为了给师生提供更优质的学习和生活环境，学校应加大经费投入，进一步完善这些基础设施。

（二）美化校园环境

一个美好的校园，除了需要合理的布局和完备的基础设施外，更需要一个整洁、美观的环境。一个干净、有序的校园能给师生带来舒适的生活体验，同时对他们的身心健康也有积极影响。校园美化不仅是为了达到视觉的美感，更是一种潜在的教育因素。美好的环境能潜移默化地熏陶学生，对他们的精神世界起到积极的启迪作用。一个整洁、宜人的校园空间不仅能够提高人们的审美情趣，还能培养学生的习惯和品质，为德育工作创造有利条件。为了保持校园的美观和整洁，后勤人员应认真完成自己的职责，确保重要的场所如教室、图书馆、公寓等都能保持干净整洁。此外，我们还可以通过开展各种文化活动如菊花展来美化校园。在校园的各个角落放置艺术雕塑、种植绿植，甚至设置环保宣传标语等，都可以为学校营造独特的文化氛围，同时弘扬环保理念。

二、抓好校园文化建设

在当前的教育体系中，校园文化显得尤为重要，其在高校德育中起到的作用和意义不言而喻。中共中央和国务院在《关于进一步加强和改进大学生思想政治教育的意见》中，强调了校园文化所占有的特殊地位，明确提出它作为一种育人工具，应体现社会主义、时代和学校的特色。这充分说明了校园文化在德育中的独特价值。校园文化并不只是学校的外在形象和环境设施，它更深远地反映了学校的精神内核和文明程度。校园文化如同学校发展的内在动力，它在提升学校整体水平方面，无疑是一种无形的助推力。一个富有生命力、凝聚力和创新力的学校，其背后必定有一套完善的、与之相符的校园文化支撑。

正是这样的校园文化，为高校营造了一个充满正能量的环境，它不仅突显出学校的独特教育理念，更进一步强化了对社会主义精神文明建设的指导作用。在这样的氛围中，大学生能更好地受到鼓舞和激励，形成积极向上的学习和生活态度，这更有利于他们的全面发展。无疑，校园文化的建设是实现“三全育人”德育模式，达到优化德育资源、拓展德育渠道和加强德育力量目的的关键所在。

（一）把握“和谐”这个时代主旨

随着我国社会主义现代化建设步入新时期，“和谐”已经成为这个时代的核心关键词。在构建校园文化时，我们必须将其与这个时代主题紧密结合，确保校园文化能够反映出社会主义、时代和学校的特色。这需要高校坚守马克思主义的指导思想，积极弘扬正面的主流价值观，确保校园文化建设始终在社会主义核心价值观的引导下进行。为了让广大师生更好地理解和体验“和谐”的意义，学校可以举办一系列与此相关的活动。比如，通过“社会主义核心价值观”知识抢答赛、“文明世博，和谐你我”征文比赛等，激发大家对构建和谐校园的热情和积极性，真实地让师生们体会到为此而努力的重要性和紧迫性。

（二）以优良的校风、教风、学风为目标

高校的校风、教风与学风不仅是其文化的显著标志，更是深刻反映其价值观、理念和精神面貌的核心内容。当我们谈及校风时，我们实际上是在讨论学校的传统、文化与育人宗旨；而教风，则与教师的专业态度、教育方法和持久的努力紧密相连；学风则突显出学生的学习态度。考虑到校风的精神属性，要使其得到充分的展现，便需要一系列的物质载体，例如，高校在新生入学之际，可以借助开学典礼、校庆活动，以及深入宣传校史的活动，让新生更深入地理解学校的历史与文化。在校园的关键地点，如图书馆入口或主要交通路口，雕刻校训，使其成为每位学生日常生活中的一个部分，不断加深学生对学校的感情。此外，编辑发布校报、校刊，举办征文比赛等，都能让学生对学校的历史、文化和校风产生更深的认同。

而对于教风的塑造，关键在于教师的专业培训和持续的师德建设。定期为教师提供培训，引导他们树立正确的育人观念，重视职业道德，积极调整教育方法和教学风格。同时，教师也应该鼓励学生树立远大的目标，邀请学校的杰出校友或者行业专家进行专题演讲，让学生在优秀榜样的熏陶下，提升求知的热情。

学风的培育则需要一个充满正能量的学术环境。通过教师的教导、学长以及优秀人物的影响，鼓励学生脚踏实地地学习，培养他们的探索精神和创新能力。而这样的学风不仅仅存在于教室内，它应该渗透到学生的日常生活中，形成一个无处不在的育人格局。

（三）构建和谐公寓文化

大学的公寓文化在校园文化建设中占有重要地位。它反映了大学生在公寓生活和学习中形成的一种群体文化和精神文化。大学生公寓文化不仅是校园文化的一部分，更在潜移默化中影响着每一位居住在其中的学生。因此，要实现“三全育人”的德育模式，高校必须重视公寓文化的建设。

公寓文化的建设是一项系统的工程，其中涉及多个关键方面。这不仅仅是一个空间配置的问题，更是一个涉及人与人之间相互关系、学生与学校之间的连接，以及学生与自我价值关系的问题。这要求高校从多个维度出发，全面地构建和谐的公寓文化，确保每一位学生在其中能够得到充分的成长与发展。具体而言要抓好如下几点。

1．加强公寓安全及日常规章制度管理

安全是维护大学生公寓和谐环境的基石。对于高校来说，强化学生的安全意识教育是不可或缺的一部分。定期的公寓违章电器检查、突发事件的应急响应机制的建立，以及充分利用公寓公告栏进行安全知识宣传，都是确保学生安全的重要措施。

此外，高校管理部门也需要进一步完善公寓的管理制度，例如，制定并实施《学生住宿管理制度》，确保每一位学生和宿舍管理员都清楚地知道宿舍的规章制度。宿舍管理员也应加强对外来人员的管理，以确保学生的居住安全。对于违反规定的学生，通过耐心教育、合理沟通并给予适当的建议或批评，帮助他们认识到自己的错误，同时也传达出学校对学生的关心和关怀。与此同时，考虑到大学生对新知识的渴望，公寓也应提供一些学生感兴趣的书籍和杂志，以满足他们的学术和文化需求，并为他们创造一个积极向上的学习环境。

2．开展公寓文化活动

在大学，学生们拥有更加宽松的生活环境，他们在这里不仅仅是学习，还要成长。为了更好地引导学生的成长方向和增强他们之间的凝聚力，高校可以组织各种公寓文化活动。例如，定期举办大学生宿舍文化节、宿舍歌唱比赛等，都可以让学生展示自己、学习他人，同时也为他们提供了相互交流的机会。而“文明宿舍”评比活动则是鼓励学生共同维护和谐宿舍环境的一种方式。通过这些活动，学生不仅能够获得快乐和成长，还可以更好地形成正确的人生观和价值观。

三、引导舆论氛围走向

大学生正处于形成世界观、人生观、价值观的关键时期，他们对外界信息极为敏感。在经济全球化浪潮下，各种思想和文化都在相互碰撞，这使得大学生面临着前所未有的思想挑战。因此，高校在推行“三全育人”德育模式时，必须采取措施，确保学生在正确、健康的舆论环境下成长。具体来说，高校应利用马克思主义为学生提供坚实的思想武器，帮助他们识别和抵御各种不良思想的冲击。

同时，也要引导学生形成积极健康的思想观念，帮助他们树立正确的人生观和价值观，确保他们在复杂的信息环境中健康成长。

（一）加强对校内传统传播媒介的管理和引导

传播媒介一直是社会意识形态和舆论的主导力量。在高等教育环境中，这一点尤为重要，因为大学生正处于形成世界观、人生观、价值观的关键时期。为了培养具有正确价值观的学生，高校必须确保他们在一个积极向上的舆论环境中成长。首先，高校应加强对校内传统媒体，如校报、校刊、广播电视和学校出版社的管理。这些媒介不仅可以深入地贯彻党的方针政策，而且可以充当学校与学生之间的沟通桥梁，宣传高校师生的优秀成果和代表性事迹。此外，这些媒介还能帮助学生建立正确的价值观和人生观，并鼓励他们培养高尚的道德品质和积极的生活方式。

（二）加强对研讨会、报告会、讲座等的管理

与传统媒介一样，研讨会、报告会和讲座也是舆论传播的重要渠道。因此，高校应对其内容和主题进行严格的审核，确保它们传达的信息是正确的、积极向上的。同时，高校也应该禁止传播错误或有害的思想，确保学生在一个纯净、健康的学术环境中学习和交流。

为了更好地为学生提供正确的思想引导，高校应利用这些活动宣传先进的思想、观点和理论，帮助学生树立正确的世界观、人生观和价值观。

四、占领网络德育新阵地

随着互联网技术的发展，网络已经成为人们获取信息的重要途径。对于好奇心旺盛、思维活跃的大学生来说，网络具有巨大的吸引力。因此，高校应充分利用网络进行德育，拓展德育渠道，使德育工作更具针对性和实效性。网络不仅可以为学生提供丰富的知识和信息，还可以帮助他们培养正确认知和高尚的道德品质。为了实现这一目标，高校应积极挖掘和利用网络上的德育资源，结合学生的实际需求进行德育工作。

其中，校园网是开展网络德育的主要阵地。它不仅提供了一个安全、健康的网络环境，还为学生提供了与老师、同学交流的平台。为了更好地发挥校园网的作用，高校应加强其建设和管理，确保它成为培养学生思维方式、创新能力和道德品质的重要工具。

（一）加强校园网建设

在当今信息化的社会环境中，校园网已经成了高校教育的重要组成部分。为了满足学生对知识的渴望并确保他们在一个健康的网络环境中成长，我们需要对校园网进行全方位的升级与建设。

一个完善的校园网应当融合德育理论与实际情境，与此同时，也要为学生提供与社会热点、时事相关的内容。为了实现这个目标，我们可以设计多个版块，如“德育阵地”“你说我说”“良师益友在线”“名师德育课堂”和“时事集萃”。这些版块不仅能够帮助学生加深对德育理论的理解，还可以激发他们的思考与讨论，从而培养出具有高尚品质的人才。

此外，我们还可以引入一些寓教于乐的内容，让学生在休闲时刻也能够受到正面的教育与启发。

（二）开展丰富多彩的网络活动

只有内容丰富的校园网还不够，为了更好地发挥其教育功能，我们还需要开展各种网络活动，调动学生的参与热情。例如，我们可以开展以“节能伴我行”或“畅想和谐社会”为主题的网络征文比赛，通过这种方式，学生不仅可以提高自己的写作能力，还可以加深对社会责任和环保意识的理解。此外，我们还可以开设“思想政治教育工作者公众号”，促进师生之间的互动与交流。同时，举办的在线科技文化活动、城市模型设计比赛等都能够培养学生的创新意识和实践能力。

（三）加强网络规范管理

虽然网络为我们提供了一个自由开放的平台，但为了确保其健康运行，我们还需要进行一定的规范管理。首先，我们需要制定一系列网络监管条例，根据国家相关法规和学校的实际情况，确保网络内容的真实性和权威性。此外，为了培养学生的网络责任意识，我们还需要加强网络使用教育，教导学生如何正确、健康地使用网络。对于那些在网络上出现道德问题的学生，我们不能简单地进行指责和打压。相反，我们应该根据具体情况，进行有针对性的疏导，帮助学生认识错误，并教导他们如何进行自我控制。总之，为了培养出既有知识又有品质的人才，我们需要全面加强校园网的建设与管理，确保它能够在高校教育中发挥出最大的作用。

第四节　打造高效的学生自我管控机制

著名教育家苏霍姆林斯基曾经指出：“我深信，只有能够激发学生去进行自我教育的教育，才是真正的教育。”[①] 我国著名教育家叶圣陶也把培养学生的自我教育能力作为最终的教育目的。中共中央、国务院在《关于进一步加强和改进大学生思想政治教育的意见》中也明确指出：“坚持教育与自我教育相结合，既要充分发挥学校教师、党团组织的教育引导作用，又要充分调动大学生的积极性和主动性，引导他们自我教育、自我管理、自我服务。”不断与时俱进的“三全育人”德育模式理念也包含了自我教育、自我管理、自我服务的内容。一方面，“三全育人”德育模式的最终目标是培养大学生的能力和道德品质，促进大学生的全面发展，自我教育、自我管理、自我服务是大学生的能力和综合素质的体现；另一方面，自我教育、自我管理、自我服务也是对全员育人理念的深化与拓展，是“三全育人”德育模式拓展德育渠道、增强德育合力的有效途径。因此，“三全育人”德育模式的有效实施需要构建大学生自我教育、自我管理、自我服务机制。

一、抓好班集体建设

要知道，班集体是一个学生们学习和生活的重要单位。它对学生的个人成长和综合发展具有非常深远的影响。而一个好的班集体不仅能够凝聚人心，更能够鼓励和激励学生持续地成长和进步。因此，利用班集体这个载体来培养学生自我教育、自我管理和自我服务的意识和能力，是我们在德育过程中应该重点关注的。

（一）定期开展有着鲜明主题的班会活动

班会活动对于大学生来说是一个重要的学习和情感交流的平台。通过确立一个鲜明的主题，不仅可以让学生们分享自己的看法，还能促进彼此的情感交流，从而强化班集体的凝聚力。想象一下，如果我们将大学生关心的热点问题或有争议的议题，作为班会活动的主题，将会怎样？

首先，学生们会在班会前对这些问题进行深入的研究，这样的过程会让他们更好地了解和理解这个议题。其次，他们可以在班会上畅所欲言，分享自己的观

① 贾永蓉．体验是培养学生自我教育能力的有效途径[J]．青海教育，2011（12）：51.

点和看法。最后，班主任可以根据学生们的讨论，为大家提供一个更加客观和深入的思考角度。

这样的班会活动不仅能够促进学生们之间的互动和交流，更能够锻炼他们的思维能力和表达能力。而对于学生个人而言，他们也能通过这样的交流，更好地认识自己，明白自己在哪些方面需要加强，从而更有针对性地进行自我提高。

（二）发挥班干部、党员的先锋模范作用

班干部与党员在班集体中的作用不容小觑。他们在班集体建设中扮演着无法替代的重要角色，无论是作为班主任和思想政治教育工作者进行日常管理的助手，还是作为凝聚班集体的核心力量，他们都在其中发挥着重要的作用。

要知道，班干部与党员的每一个行为、每一句话都能影响到整个班集体，因此他们必须始终以身作则，用自己的实际行动去为同学们树立一个正面的、积极向上的榜样。通过他们的带动，整个班级的同学们都能够更有目标地前进，更全面地发展自己。此外，班干部与党员也要深知自己的责任与角色。他们应该积极地组织一系列的班集体活动，帮助加深同学之间的友情。而在日常生活中，他们也要多与同学们沟通交流，尽量了解大家的真实需求，并及时提供帮助和支持，确保每一个同学都能在这个温馨、和谐的班集体中健康成长。

二、发挥学生社团的自主作用

学生社团是大学生自我成长和发展的重要平台。在这里，学生们不仅能够追求自己的兴趣爱好，还能够与不同的同学交流合作，锻炼自己的各种能力，如组织协调能力、人际交往能力等。因此，我们应该充分认识到学生社团在德育工作中的重要作用，并采取措施来加强其建设和管理。

（一）加强对学生社团的科学管理

由于大学生社团的数量和类型众多，我们需要为其建立一个科学的管理制度。首先，学生社团的方向和目标必须明确，这需要由经验丰富的指导教师来提供专业的建议和指导。为此，高校应当选聘合格的指导教师，并将其参与社团的成果作为其绩效考核的一部分，以此激发教师的工作积极性。同时，社团的管理和运营也离不开一支高素质的干部队伍。这就需要我们加强对社团干部的选拔、培训和考核工作，确保他们能够有效地为社团提供领导和支持。另外，为了确保学生社团的健康发展，我们还应当制定一系列的管理规定和标准。这包括对新社团的

审批、对社团规模和类型的规划以及对社团的日常监督和考评等。只有这样，我们才能够确保每一个社团都能够在正确的方向上发展，为学生提供一个真正有益的成长平台。

（二）促进学生社团间的交流与合作

学生社团的形式和内容五花八门，每个社团都有其独特的活动和特点。但是，闭门造车，只会限制社团的发展。学生社团不仅要注重自身的发展，还应当跳出自己的小圈子，与其他社团进行积极的交流和合作，互相分享所获得的成功经验，坦诚面对各自存在的问题和挑战。只有这样，各个社团才可以相互借鉴，共同进步，使得整个大学的社团文化日渐繁荣。

为了推动这种跨社团的交流和合作，高校可以采取多种形式和方法。例如，可以定期组织“社团分享日”或“社团进展周”，让不同的社团负责人或成员齐聚一堂，进行经验与心得的分享。这不仅可以拉近各个社团之间的距离，培养彼此之间的友情，更可以促进社团之间的相互学习。当社团之间开始互相交流、互相学习时，学生便能更好地在其中实践自我教育、自我管理和自我服务的理念。他们可以学会如何更有效地组织活动、如何更好地与人沟通、如何解决不同的问题等，从而为个人和社团的长远发展积累宝贵的经验。

三、发挥学生会、研究生会的桥梁作用

在高等教育机构中，学生会和研究生会都扮演着至关重要的角色。这两个组织不仅是学生为学生的组织，它们更是一个重要的工具，帮助学生进行自我培训、自我管理和自我服务。它们作为连接学校管理层与学生大众的桥梁，起到了至关重要的作用。学生会和研究生会之所以如此特殊，是因为它们与学生的距离最近，能够真正了解和把握学生的需求和想法。而且，相较于其他高校部门，它们具有更加灵活的特性。因此，在高校的德育工作中，它们具有其他部门不具备的独特价值。

“三全育人”德育模式强调全方位、全过程、全员参与的德育观念，而学生会和研究生会正是对这一模式的完美诠释。这两个组织可以更加贴近学生，了解学生的真实需求，发现问题并及时解决，实现真正的自我教育和自我管理。同时，通过各种活动和服务，它们也能够帮助学生培养社会责任感和团队合作精神，为学生的未来发展打下坚实的基础。此外，学生会和研究生会还可以为学校提供第一手的学生信息，帮助学校更好地调整教育策略，实现与学生的良性互动。这不

仅有助于加强学校与学生之间的联系，还可以提高学校德育工作的实效性。为了更好地发挥学生会和研究生会在德育中的作用，高校应该给予它们更多的支持和鼓励。比如，可以为它们提供更多的资源和培训，帮助它们提高自身的组织能力和服务质量。同时，学校也可以通过各种方式与它们进行深入的交流和合作，确保德育工作的连贯性和一致性。

（一）加强学生会和研究生会干部队伍的建设

在大学生活中，学生会与研究生会作为学生自主参与和组建的团体，成为他们进行自我教育和自我管理的核心场所。这两大组织之所以深受学生欢迎，是因为其独立性和自主性让学生感受到了真正的归属感。许多有才华、有志向的大学生都视这两个机构为展现自我、锻炼才能的绝佳平台。成功的学生会和研究生会必须拥有一支优秀的干部队伍，因为正是这些干部带领着整个组织走向繁荣的。他们在德育工作中起到了举足轻重的作用，影响着整个组织的风貌和声誉。所以，对于学生会和研究生会干部队伍的培养和选拔是至关重要的。干部选拔应该是一个公开、公正且透明的过程。首先，可以设立一个评选小组，由前一届的干部与专业思想政治教育工作者等共同组成。这个小组应当对所有报名参选的学生进行公平的评估。选拔的方法可以多样化，如公开的演讲竞选、学院推荐或面试等。在此过程中，评选小组必须维持公正和客观，确保选拔出的学生干部确实具备出色的综合素质和领导能力。当然，选拔只是第一步。为了确保学生会和研究生会持续地发展，高校还应为这些干部提供持续的培训和支持。可以定期举办培训班，让干部们学习相关的组织理论和管理方法。另外，还可以定期举办工作报告会和研讨会，为干部们提供一个分享经验、讨论工作难题的平台，以确保他们能够在实践中不断成长。为了确保学生会和研究生会的工作持续地沿着正确的方向前进，高校还可以设立信箱或电子邮箱来收集学生对干部的意见和建议。这样，不仅可以加强对干部的监督，还能鼓励学生积极参与到组织的管理中，确保学生会和研究生会始终保持与广大学生的紧密联系。

（二）完善学生会、研究生会的组织结构

高等教育机构需为学生会与研究生会构建完善的组织结构，确保该结构能充分体现学生自身的教育、管理和服务职责。为了使得学生能够在这样的环境中充分地实现自我教育、自我管理和自我服务，各部门应有完备的分类、明确的任务划分。这样，学生会和研究生会可以联手，开展各种主题教育，确保学生们能够

在多种环境中充分发挥其潜力。此外，为了确保学生会与研究生会的工作能够稳步进行，必须有一套严格的管理制度作为基础支撑。这不仅仅是为了规范学生会与研究生会的工作流程，更是为了确保学生会与研究生会的干部能够在工作中始终保持高效和专业。因此，高校需要对这些干部及其工作进行细致的管理、持续的监督和定期的考核。

完善的管理制度应当包括明确的工作指导、责任划分以及考核机制。这样，无论是学生会还是研究生会，都可以确保其工作始终沿着正确的方向前进，同时也能为学生提供一个有序、高效的学习和成长环境。总体来说，要确保学生会与研究生会能够充分发挥其应有的功能，高校必须为其提供一个结构清晰、管理严格的组织环境。只有这样，学生会与研究生会才能成为真正意义上为学生服务的机构，帮助他们更好地在大学时光中学习和成长。

四、发挥“学长制”的引导作用

“学长制”在高等教育机构中逐渐被认为是学生教育和管理的一种新颖助力方式。众多学府已开始尝试实践这种方式，并观察到了其明显的益处。这种机制为现代高等教育提供了一个探索德育新路径的创新点。它作为导师制与思想政治教育工作者工作的一个补充，主要思路是从高年级学生中选择那些政治成熟、学术出色且具备一些实际经验的学生。这些被选出的学长，在经过一系列培训后，将协助、指导并教育新入学的学生，帮助他们快速适应新的学习环境。学长们可以将自己的学习和生活经验分享给刚入学的学弟学妹，这对于他们迅速调整心态，明确学习方向和设定个人目标有着显著的帮助。另外，由于学长与新生的年龄相近，他们之间的交流更加真挚和深入。这也使得思想政治教育工作者和班主任能够更为精准地了解学生的内心状态和需求，进而更有效地进行德育指导，提高德育的实际成果。

（一）制定“学长制”的相关管理制度

“学长制”机制被认为是高校中推进学生自主教育、管理和服务的有力策略。为确保其有效实施，必须配备完备的支持制度。各高校可根据自身的学生工作特色和实际需求，出台一套规范的制度，确保学长的选拔、培养、管理和评估都在明确和严谨的准则下进行。学长的个人素质直接影响到此机制的成功与否。因此，选拔过程显得尤为关键。学校可以通过官方网站和广告板发布招募公告，再由思想政治教育工作者和院系领导基于学生的申请材料进行筛选。为确保学长的工作效果，高校应该为他们提供必要的培训，帮助他们明确任务并提高其在职能上的专业性。学长不仅需要与学生深入互动，还要定期向思想政治教育工作者和班主任报告其工作进展。因此，对学长的评估可以是一个多方参与的过程，结合思想政治教育工作者的评价与学生的反馈。例如，评估可以基于思想政治教育工作者对学长工作的点评和学生的满意度调查。这样既确保了评估的公正性，也增加了评估的维度。此外，高校应当考虑建立一个奖惩机制。对于表现杰出的学长，他们的贡献可以作为其日后加入党组织、被评为优秀干部或被评为杰出学生的重要参考。而对于未能达标的学长，应考虑给予改进的机会或在必要时采取解聘措施。

（二）“学长制”应与学生会、班干部等相互配合

“学长制”是高校中一项重要的管理机制，旨在促进自我教育、自我管理和自我服务的实践。与此同时，学生会和班级干部也扮演着关键的角色，共同推动高校学生的全面发展。在这篇文章中，我们将深入探讨学长制度以及学生会和班级干部在高校中的作用，以及如何明确定义学长的职责，以保障他们与其他学生领导机构的合作。学长制度是一种有助于培养学生领导力和自我管理能力的制度。在这个制度下，高年级的学生（学长）担任指导和支持低年级学生的角色。这种互助精神不仅有助于新生更快地适应大学生活，还能够培养学长的领导技能和责任感。然而，要使学长制度取得最佳效果，必须明确学长的职责，以免与学生会和班级干部等其他学生领导机构之间发生冲突。学生会和班级干部是高校中另外两个关键组成部分，它们致力于为学生提供服务和管理学生事务。学生会代表着全校学生的利益，负责组织各种活动、提供学术支持和参与学校决策。班级干部则负责班级内部的事务，如组织班级活动、解决内部问题和促进同学之间的合作。尽管学长制度、学生会和班级干部各自发挥着不同的作用，但它们都致力于学生的自我教育、自我管理和自我服务。因此，高校需要确保这些组织之间协调合作，以实现学校育人目标的一致性。

首先，明确学长的职责至关重要。学长应被赋予指导和支持低年级学生的任务，帮助他们适应大学生活、解决问题。这种帮助不仅有助于新生的个人成长，还能够培养学长的领导技能和责任感。与此同时，学长不应被要求承担学生会和班级干部的职责，以免发生责任混淆或工作冲突。

其次，学长、学生会和班级干部之间的密切联系和沟通至关重要。这种联系可以促进信息的分享和协调合作，确保学校各个组织都朝着共同的目标前进。学长可以与学生会和班级干部合作，共同组织活动、解决问题和提供支持。这种协

作精神将有助于提高学生领导机构的工作效率。

最重要的是，这些组织都应围绕育人这一核心目标展开工作。学长、学生会和班级干部的主要任务是支持学生的成长和发展。

五、调动学生主动性，激发学生自我监督与管理

学生的自我教育、自我管理和自我服务，为大学生提供了参与管理的机会。大学生充满朝气、思维活跃，具备一定的思考和判断能力，同时也展现出强烈的自主性。因此，将部分管理职责交由大学生承担，不仅可以培养他们分析问题、解决问题的能力，提升其综合素养，还能减轻教职员工的负担，让他们有更多时间和精力专注于教学和科研，从而创造更多教育和科研成果，更好地实现以学生为中心的教育理念。

（一）让学生参与校园网、网络论坛等的建设与管理

校园网和网络论坛（BBS）在网络时代背景下，成为高校网络德育的重要平台，同时也承载着帮助学生实现自我教育、自我管理和自我服务的关键使命。大学生对学生群体的思想动态和关注热点了解得更加深入，因此，他们参与校园网和 BBS 的建设与管理，能够使这些网络平台更贴近学生的日常生活，从而有利于推动德育工作，提高学生的自我教育、自我管理和自我服务能力。在校园网和 BBS 的建设中，应特别关注价值观的引导，有意识地将德育内容融入学生感兴趣的讨论和帖子中。高校可以鼓励学生主动编写学校、班级和个人主页，充分发挥学生的创造力，定期更新内容和图片，以激发更多学生的参与热情。此外，鼓励大学生创办电子刊物等，也是提高校园网和 BBS 吸引力的有效途径。对于那些在校园网和 BBS 上表现出色的班级和同学，学校应该给予一定的物质和精神奖励，以鼓励他们持续积极参与。然而，同时也需要加强对这些平台的监督，以防止出现错误的言论和思想。这可以通过建立有效的管理机制来实现，以维持网络空间的秩序和安全。

（二）相关部门适当考虑安排学生做助管

高校安排学生参与教务处、后勤、图书馆等部门的管理工作，不仅有助于锻炼学生的交往和事务处理能力，还能为他们未来步入工作岗位打下坚实的基础。同时，这一做法还起着连接教务处、图书馆、后勤等部门管理工作者与广大学生的桥梁作用。然而，高校在让学生参与管理时需要把握一定的尺度，包括合理安

排学生参与助管的时间、明确定位学生在管理工作中的角色，以及建立考核和奖惩机制。

合理安排学生参与助管的时间至关重要。学生的首要任务是学习，因此不能占用过多的学习时间。高校应该确保学生的参与不会对其课程进度和学术成绩造成不利影响。合理的时间分配可以帮助学生更好地平衡工作和学业，有利于提高他们的综合素养。

学生在管理工作中的角色应当明确定位。他们应该是管理工作者的协助者，而非取代者。相关教职员工仍然需要承担主要责任，确保工作的质量和效率。学生的参与应该是一种学习和锻炼的机会，而不是代替教职员工履行职责。

建立考核和奖惩机制对于确保学生参与管理工作的有效性至关重要。学校可以与勤工助学等联系起来，建立一个有奖惩机制的考核体系。教职员工应该定期记录学生的表现，包括工作态度、责任心、协作能力等方面。表现优异的学生可以获得奖励，如津贴或荣誉证书。而表现不合格的学生可能会面临解聘或其他适当的处罚措施。这种考核和奖惩机制有助于激发学生的积极性，同时也为学生提供了实现自我教育、自我管理和自我服务的机会。

学校可以向从事助管工作的学生提供一定的津贴，这既可以帮助一部分学生减轻经济负担，还能够锻炼他们的处事能力。这种做法有助于调动学生的积极性和主动性，促使他们更加认真地履行工作职责，同时也有助于实现自我教育、自我管理和自我服务的目标。

综上所述，高校安排学生参与管理工作是一项有益的举措，既有助于学生的个人成长，又有利于学校的管理和服务水平的提升。通过合理安排时间、明确角色定位、建立考核和奖惩机制以及提供一定的津贴，学校可以实现学生自我教育、自我管理和自我服务的目标。这种实践将培养出综合素养更高的毕业生，为他们未来的职业生涯奠定坚实的基础。

第五章　高校“三全育人”路径探索

目前，我国在校大学生包括专科生、本科生和研究生的数量持续增加，想要把数量庞大的大学生群体培养成中国特色社会主义事业的建设者和接班人，很重要的一点就是要通过合理的组织形式凝聚在校大学生，把他们统一到现代高等教育的框架之中。本章为高校“三全育人”路径探索，主要内容包括依托相关组织开展“三全育人”、依靠思想政治教育工作者开展“三全育人”、结合日常管理开展“三全育人”、贯穿校园文化开展“三全育人”。

第一节　依托相关组织开展“三全育人”

马克思曾经指出，人在其本质上“不是单个人所固有的抽象物，在其现实性上，它是一切社会关系的总和”。由于大学生是存在于社会关系中的人，因此其在大学里以群体共同学习的方式接受“三全育人”。在大学里存在许多群体组织，这些组织一般包括党组织、团组织和社团组织。大学生的学习和生活都在这些组织中进行，这就要求我们不断推进这些组织的建设工作，通过组织路径实现高校“三全育人”的不断发展。

一、依托党组织开展高校“三全育人”

（一）学校党建工作现状分析

党中央历来高度重视高校党建工作。当前学校学生党建工作中，还存在着种种不足，影响了党建工作的质量。归纳起来主要是，在发展学生党员上，个别学校的政工干部不能辩证地看待数量和质量的关系，盲目追求发展党员的数量，忽视了质量，造成把关不严，极个别不符合党员标准的学生进入了党员队伍，损害了党员队伍的纯洁性，甚至影响了党组织在大学生心目中的威信和号召力；在入党积极分子和党员的教育上，没能做到与时俱进，形式仍然以听报告、念文件为主，内容上也没做到体现时代特征和联系学生的生活实际，挫伤了他们追求真理、解答现实困惑的积极性；在大学生党员的管理上，没有将党章对党员的要求具体化，导致对大学生党员的监督考评无章可依；在发挥先锋模范方面，极个别大学生党员入党动机不纯，在学习、工作中根本没发挥作用，影响了党组织在学生心目中的光辉形象。这些问题虽然只存在于部分学校的部分大学生党员中，但其危害很大，应引起我们的重视，并采取相应的措施。

（二）加强学校党组织建设，带动“三全育人”

1. 充分利用党组织的政治优势，发挥政治导向作用

党组织的突出特点是具有鲜明的、正确的政治导向性。政治导向是大学生成长、发展应当遵循的政治方向。学校要正确把握政治导向，就要以理想信念教育为核心，帮助大学生树立科学的世界观、人生观和价值观。学校党组织作为政治组织，理所应当发挥政治教育作用，首要的就是抓好理想信念教育。在开展理想信念教育方面，学校具有独特的优势，不仅有健全的各级党组织，更有系统的马克思主义理论教育，还有理论修养深厚、知识渊博的专家教授，为大学生理想信念教育创造了良好的条件。学校党组织一项很重要的任务，就是组织大学生党员和积极要求入党的学生，学习党的基本理论、基本路线、基本纲领、基本经验，用马克思主义理论武装头脑，坚定走中国特色社会主义道路的信念，树立共产主义理想。

2. 通过建设校园文化，推动大学生党组织文化建设

大学生党组织文化是校园文化的重要组成部分。校园文化与大学生党组织文化是相互沟通、相互交流的关系。运用马克思主义原理推动校园文化建设，在校园宣传马克思主义理论，宣传党的路线方针、政策就是在推动大学生党组织文化建设。

（1）促进大学生党组织文化建设与校园文化建设的融合

毋庸置疑，大学生党组织文化建设在其所处的校园环境内，必然会留下校园精神的烙印。大学生党组织文化要充分发挥其凝聚力和吸引力，就必然要与校园文化有机结合，借以让广大师生认同接受。以校训为例，校训是一所学校价值观的长期总结，体现学校的外在精神面貌，是校园文化的“灵魂”，也是大学生党组织文化必须吸收的文化养分。校训不可能自发地产生和形成，几代学校领导、教授、专家学者有意识地培养学生认同这一理念，经过长期努力后才为师生员工所认同，成为全体师生的共同准则。好的校训是无声的命令，是行动的旗帜，是

对所有师生的命令和要求，如北京师范大学校训——学为人师，行为世范，又如复旦大学校训——博学而笃志，切问而近思。从这些有着优秀校园精神文化的高等学府走出来的广大学子、党员，都深深地把这些校训埋在心里，落实在行动上。因此，要巩固大学生党组织文化建设的阵地，就应该重视研究大学生党组织文化建设与校园精神文化有机融合的问题，将以校训为代表的校园文化、校园精神融入大学生党组织文化建设之中，会取得事半功倍的效果。

（2）通过校园文化建设促进大学生党组织文化建设

校园文化的发展，不会主动地促进大学生党组织文化的发展，要注意对校园文化的引导，使之促进大学生党组织文化朝着马克思主义方向发展。从大学生党组织文化建设正常发展的角度讲，校园文化建设要注意以下几个方面。

第一，坚持校园文化建设与新课程改革相结合、与德育工作相结合、与培养良好行为习惯相结合。以人文精神培养为核心，以服务全校师生为宗旨，以提高学生素质为目的，立足实际，突出特色，通过加强校园文化活动的基础设施建设，创新校园文化内容、拓展校园文化活动的领域，规范校园文化活动的模式，努力构建具有特色的校园文化体系，使校园文化朝着政治化、规范化、多元化、群体化、艺术化、专业化方向发展。

第二，搞好社团组织建设。社团活动是校园文化的重要内容，也是大学生党建工作的重要载体。大学生党建不能只停留在学生学习中，也要在生活中实现。把党建融入社团，在社团活动中学习马克思主义理论。

第三，充分发挥教师群体的指导作用。教师是校园文化中对学生影响最大的文化群体，对大学生党建工作有重大的影响。教师的工作不能仅停留在教学上，还应该包括育人。因此，参与指导校园文化活动，发挥校园文化活动的育人功能是教师的天职。保证校园文化活动质量需要充分发挥教师的巨大作用。

总之，学校要根据党的德育目标要求，高度重视校园文化建设，探索教学、管理、服务的新途径和新方法，开辟校园文化建设新局面，并将大学生党组织文化建设有机地融入校园文化建设中去，使之有效地凝聚优秀的青年大学生，帮助他们成长成才。

3. 提高党员素质，发挥党员的模范带头作用

“一个党员就是一面旗帜。”不少学生党员提出“让党旗高高飘扬”，① 就是要充分发挥党员的示范和带头作用。一是要发挥教师党员的模范带头作用。不言

① 壹组．共产党员，越是艰险越向前[J]．党员之友（新疆），2020（2）：21–26．

而喻，学校里有一大批优秀教师党员，他们学识渊博、品格高尚，对青年学生具有很大的影响力。二是要发挥优秀学生党员的模范带头作用。如果说，学生入党前要将他们的表现“公示”，接受党员和群众的监督，那么，入党后也要“展示”他们的行为表现，发挥他们的模范带头作用。绝大部分学生党员是品学兼优的同学，对引导广大学生健康成长，起着积极的带头作用，在维护学校稳定、促进社会安定方面，起着重要的带头作用。学生党员要充分发挥作用，首先要自身素质过硬，不仅思想上、学习上、工作上要比其他同学表现优秀，生活上也要团结、关心、帮助同学，尤其是要关心经济困难、学习困难、就业困难的学生，具有为同学服务的精神。这样的学生党员在同学中具有很高的威信，也具有很强的影响力，他们的行为本身就是实实在在的“三全育人”。

二、依托团组织开展高校“三全育人”

共青团是党领导下的先进青年的群众组织，是党的助手和后备军，是开展高校“三全育人”的重要力量。

（一）实现观念创新

大学生团建工作要坚持以人为本，实现学生在马克思主义思想下的个性自由。因此大学生团建工作一方面要从严管理，强化教育和监督，另一方面要给学生团员提要求、压担子，强化对学生团员的约束。在管理中要坚持“以人为本”的思想，尊重学生的民主政治权利，满足学生的合理正当需求，帮助学生实现自我价值，关心学生利益，激发学生的内在动力；既要建立学生教育管理的长效管理机制，又要通过学习、工作、职业生涯发展、心理、生活等方面的关心服务制度，建立联络感情、事业激励、心理减压、利益保证的内在动力机制。

（二）加强团组织的思想建设工作

在进行团建理论课学习时，学校一方面要抓好传统的学习方式，比如上党课、举办培训班、举行报告会和组织专题讨论等形式，有计划地组织团员集体学习；另一方面要注意当代大学生学习需求的多样性，采取举行活动的形式，寓教于乐。总之要建立健全学习的方式方法，建立系统的述学、评学和督学制度，由党组织对团员的理论学习情况做出评价，给团员学习做出有益的反馈。

（三）加强作风建设，维护团组织形象

团组织作风的好坏，决定着人心的向背。这是因为团组织的作风问题，说到

底是党同人民群众的关系问题。作风的好坏，关系到党和人民群众的密切联系程度。在大学校园内，大学生团员作风建设关系到大学生群体如何看待团组织的工作。团组织在大学生群体中的形象，来源于大学生群体对大学生团员甚至预备团员的行为判断。一个政党有没有好的形象是判断政党在人民群众中受不受拥戴的重要指标。在大学生群体中，党团的形象具有重要的“三全育人”强化作用。在学校改革建设中，要发扬马克思主义与时俱进的理论品质，运用广大师生的集体智慧，科学回答关系学校发展的重大社会现实问题。

（四）加强学习型团支部和服务型团支部的建设

共青团本身就是一个学习型组织。学校要加强学习型团支部建设，对学生党团员进行经常性教育，把社会主义核心价值体系融入团员教育的全过程。针对学生团员的特点，改进和创新支部的工作和活动方式，创新教育活动方式，提高活动的教育效果，使党团组织的教育活动既严肃认真又生动活泼，贴近学生团员的思想、学习和生活实际，为学生营造终身学习的组织环境，使学习成为一种经常化、普遍化和制度化的行为，使团组织成为团员相互学习的平台。

服务大学生是学校共青团的重要使命。团的性质和职能决定了大学生组织服务大学生的使命。学校共青团要关心大学生的健康成长，要服务于学生的成长成才。学校共青团要重点满足当前大学生最迫切的需求，而当前最突出的方面就是大学生就业。因此，学校共青团要高度重视和配合政府做好大学生就业促进工作，帮助就业困难大学生顺利就业。把党培养的优秀大学生输送到祖国建设的第一线，为国家经济建设服务，发挥大学生青年的创造力，是服务大学生工作的重要方面，也是圆满完成党的任务的关键一步。

三、依托社团组织开展高校“三全育人”

（一）充分发挥思想政治类社团的主渠道作用

通过社团对大学生进行“三全育人”有两个主渠道：一是通过思想政治方面的理论社团对大学生进行“三全育人”，如马列主义研究会、科学发展观研究会、中国近代史研究会等。二是通过社会服务和社会实践方面的社团对大学生进行“三全育人”，如爱心社、志愿者协会等。《国家中长期教育改革和发展规划纲要（2010—2020年）》第三部分（体制改革）第十一章（人才培养体制改革）第三十二条（创新人才培养模式）中也提到要“加强学生社团组织指导，鼓励学生积极参与志愿服务和公益事业”。[①] 目前，社会服务和社会实践类的“奉献”社团在学校发展很快，而且人数众多。

上述两类社团主要的活动目标就是在大学生中开展思想政治方面的理论研究和实践探索，使大学必修课程“两课”的学习由课内向课外延伸，将理论学习与行为实践密切结合，从而有效提高大学“三全育人”的效果。学校应积极扶持和引导此类社团的建设与发展。

（二）建立健全学生社团管理机制和模式

学校共青团组织负责学生社团的领导和管理工作，按照“一体两翼”的思路，在团校委的直接指导下组建社团联合会，面向全体学生招收会员；以促进学生专业学习为目的的专业型学生社团，可以依托各院（系部），由院（系部）团委负责指导。

根据学生社团的面向对象，经团校委批准，社团可以跨院（系部）招收成员。社团联合会应该有计划地组织各类学生社团进行评优活动，以此调动社团健康发展的积极性。社团联合会有权对社团活动、财务管理等工作进行监督检查，要建立评价和激励机制，但为鼓励社团发展，不宜对学生社团进行过多的干预和束缚。由共青团组织管理和引导学生社团，有利于利用共青团的组织优势，开展高校“三全育人”工作。

（三）加强学生社团管理

学生社团是由上级党组织授权同级团组织进行管理和具体指导的，学生工作人员参与学生社团的管理和指导是自身的使命。学生社团是校园文化的重要组成部分，引领着校园的氛围，做好学生社团的管理工作可以给学生的成长提供肥沃的土壤，可以丰富学生的课余生活，可以帮助学生学会自我管理。因此，学生工作人员要关心学生社团活动，及时地给予指导和帮助。

1. 社团成员管理

学生社团一般由兴趣爱好相同的学生组成，其成立初期会员往往较少。社团的骨干一般由社团组建的发起人或者第一批会员担任，或者通过协商达成一致。社团成立之初特别需要指导，学生工作人员可以帮助学生明确该社团的目标、定位、规模等，重点工作是选拔、培养社团的骨干，让他们学会自我管理、自我发展。

随着社团的发展，会员不断增加，社团骨干的选拔要充分发扬民主，结合会

① 刘超，单晨，顾锋，等．关于医学生志愿者服务长效机制建设的思考：以上海交通大学医学院为例[J]．现代交际，2016（2）：162．

员的日常表现、民意测评、答辩展示等进行选拔。选拔社团骨干的时候，学生工作人员可以在选拔流程中进行把关，引入一些科学的方法，例如无领导小组讨论等。学生社团是富有朝气的组织，其骨干一般一年一换，时刻保持青春活力。换届工作是每年工作的重中之重，这也需要学生工作人员特别重视。

社团指导老师在学生社团的发展中起着非常关键的作用，一般担任社团指导老师的是专业老师或学生工作人员，指导老师可以在社团的定位和发展问题上给予指导，可以帮助社团设计精品活动，并对社团工作中存在的不足进行批评指正。学生工作人员要积极申请担任社团指导老师。如果不能担任，也要和社团指导老师做好沟通协调工作。

学生社团要在校园文化阵地中占据一席之地，必须不断补充新鲜的血液。对于会员的管理从纳新开始，社团要对会员有明确的责任和义务要求，要在纳新之前给学生宣传本社团的精神理念以及精彩活动，让学生对该社团有一个清晰的认识，并且让他们知道加入社团后应该怎样参与其中。学生社团中的会员既是社团工作的对象，又是社团工作主体，学生社团是以兴趣爱好为基础形成的，因此学生社团也要满足会员对兴趣爱好的诉求，通过开展活动，让会员满意。此外，学生社团的活动又不仅仅是对内的，有时候还需要对外开展一些活动，为校园文化建设做出一定的贡献。学生社团的管理还体现在会员的培养方面，学生工作人员可以积极参与指导学生社团活动的开展，创新活动模式，鼓励会员表现自我、锻炼自我，提高学生社团的生命力。

2. 社团制度管理

学生社团中，会员有更多的自由，他们可以自主选择加入或者退出社团，也可以在社团中选择多参与一些工作或者少参与一些工作。因此，社团制度的管理不可或缺。

学生社团制度管理的第一步就是建立完善的制度体系，根据社团的定位和目标，学生工作人员可以帮助社团骨干制定学生社团纳新办法、学生社团日常活动管理办法、学生社团会员管理办法、学生社团骨干换届办法等。制度的科学性、可行性是非常重要的，学生社团制度管理要与学校、学院的实际情况相结合，要与社团的定位相结合，只有制定科学的奖惩办法，才能够调动社团成员的积极性，促进社团的健康发展。

学生社团制度的执行体现在日常工作的开展过程中。在开展工作时，要紧密结合社团制度，严格按照社团制度的规定执行和操作，对于违反社团制度的会员进行批评，对于表现优异的会员进行奖励。学生工作人员除协助制定社团管理制度外，还需要监督管理制度的执行，随时接受社团内外的意见、建议，不断修正、调整社团制度。

3. 社团活动管理

社团活动是社团的灵魂，也是社团凝聚力的集中展现。学生社团开展的活动可以是经验交流类的，也可以是户外拓展类的。社团活动可以分为常规活动和精品活动。社团的常规活动旨在促进会员之间的交流。常规活动可以一周一次，也可以一个月一次，但是不能间隔时间太长，以免导致社团涣散。社团精品活动是根据社团特色并发挥社团优势创办的能够服务社会、校园及获得其他人认可的活动。精品活动在精不在多，打造系列精品活动，并将精品活动延续下来对增强社团的凝聚力有很大帮助。

第二节　依靠思想政治教育工作者开展“三全育人”

中共中央、国务院的相关意见指出：把思想价值引领贯穿教育教学全过程和各环节，形成教书育人、科研育人、实践育人、管理育人、服务育人、文化育人、组织育人长效机制。[①]“三全育人”理论强调用系统的概念和润物无声的方式开展思想教育工作。

高校思想政治教育工作者是进行学生思想政治教育的骨干力量，其在各大高校起着重要作用。随着我国教育大众化程度的不断提升，思想政治教育工作者也逐渐承担起更加重要的职责，2005 年，教育部发布的《关于加强高等学校辅导员、班主任队伍建设的意见》对思想政治教育工作者——班主任进行了明确定义：是高等学校教师队伍的重要组成部分，是高等学校从事德育工作、开展大学生思想政治教育的骨干力量，是大学生健康成长的指导者和引路人。

以习近平同志为核心的党中央提出了一系列教育新理念、新思想、新观点，高校要坚持将立德树人作为根本任务，坚持把教师队伍建设作为基础工作等论断让“三全育人”理念的教育思想更加丰富。首先，思想政治教育工作者的主体是专任教师，教师是人类灵魂的工程师，是人类文明的传播者，肩负着传播知识、传播思想、传播真理，塑造灵魂、塑造生命、塑造新人的时代重任。高校思想政

① 刘云．融媒体时代食堂文化育人实践路径研究：以青岛大学食堂为例[J]. 高校后勤研究，2020（4）：19–21.

治教育工作者也是“课程思政”的主体，要和“思政课程”同心同向，共同进行时代新人的培育。其次，思想政治教育工作者任期一般为四年，伴随着学生从入学到毕业的全过程，深刻体现着全程育人的重要内涵。

一、“三全育人”下高校思想政治教育工作者的工作困境

思想政治教育工作者是开展大学生思想政治教育的骨干力量，是高校立德树人工作的一线人员，“三全育人”理念为思想政治教育工作者开展思政工作提供了新思路，同时也带来了新挑战。通过梳理相关文献资料以及结合思想政治教育工作者工作实际，高校思想政治教育工作者在推进“三全育人”工作中主要面临以下几个问题。

（一）认识“三全育人”理念不到位

思想政治教育工作者在开展思想政治教育工作中，对“三全育人”理念认识不到位主要体现在两个方面：一是思想政治教育工作者对“三全育人”文件精神领悟不到位。再好的顶层设计，都需要不同层面的人员去深刻理解、正确认识、全面落实，否则就会失去存在的意义。《关于加强和改进新形势下高校思想政治工作的意见》和《“三全育人”综合改革试点工作建设要求和管理办法（试行）》全面说明了“三全育人”的含义和要求。显然，“三全育人”是对新时代大学思想政治教育的特点和规律的新追求。在大学时代，大学教育要求对学生们进行全面、全方位、全过程的教育，在教学和教育的各个环节做到用思想引领价值观。部分思想政治教育工作者没有深入研究文件，导致领悟相关文件精神不到位。二是部分思想政治教育工作者的工作格局没打开。“三全育人”理念既丰富了大学生思想政治教育理论，系统性地概括了大学生思想政治教育工作新方法，又对思想政治教育工作者的工作提出了新要求。目前，部分思想政治教育工作者并没有将“三全育人”理念贯穿于铸魂育人的日常工作之中。

（二）履行“三全育人”职责不清晰

“三全育人”是指不同主体协同育人，形成全员育人合力；在不同阶段进行有效衔接，实现全程育人；整合不同领域、不同层次、不同类型育人功能，实现全方位育人。当前，思想政治教育工作者在“三全育人”中的职责不清晰主要体现在以下三个方面。

①关于全面育人，教育部制定了《“三全育人”综合改革试点工作建设要求

和管理办法（试行）》。为了方便开展“三全育人”综合改革的试点工作，文件中提到“挖掘各群体、各岗位的育人元素，并将其作为职责要求和考核内容，融入整体制度设计和具体操作环节”，但有关“三全育人”条件下思想政治教育工作者具体的岗位工作和岗位职责并没有做清晰的说明。②全程育人方面，思想政治教育工作者如何衔接线上线下、课内外、校内外等方面，相关文件也没有明确规定。③全方位育人方面，《普通高等学校辅导员队伍建设规定》对思想政治教育工作者的九大工作职责进行了相关阐述，并没有提及思想政治教育工作者如何协同兼职班主任、思政课老师、学校其他行政部门的工作，也没有提及如何实现多方联动。相关文件表述具有模糊性、不确定性，导致思想政治教育工作者在履行“三全育人”职责时不清晰，找不到自己的定位。

（三）推动“三全育人”成效不显著

第一，全员育人合力成效有待进一步巩固。目前，大多数高校尚未建立起一体化育人队伍，高校专职教师未实现课程育人，“三全育人”的主体主要由高校党政干部和思想政治教育工作者组成。此外，因思想政治教育工作者工作职权的局限性，主动协调其他育人主体的效果不佳，导致思想政治教育工作者在推动建立全员育人协同工作机制方面受阻，育人成效不显著。

第二，全程育人的有效衔接存在断点、盲点。大部分高校思想政治教育工作者队伍偏年轻化，人员流动性大，容易造成育人过程中断；再加上对学生的成长需求和思想动态了解得不全面、不及时，不能为学生提供有针对性的指导，导致育人工作难度增加。

第三，全方位育人的有机联动不足。大学生在入学后家长就出现了缺位现象，很多高校设置的新生家长座谈会到座率不到一半，思想政治教育工作者与家长协同联动主要依赖于思想政治教育工作者的主动性。联动机制不到位，加之“95后”、“00后”大学生对网络的依赖程度高，部分同学的理解能力和自我管理能力差，容易造成线上线下育人工作不能实现有效衔接，直接影响“三全育人”工作成效。

二、“三全育人”下高校思想政治教育工作者的育人对策

（一）明确高校思想政治教育工作者的育人职责

1. 高校思想政治教育工作者的课程育人职责

高校思想政治教育工作者既是专业课教师，又是班级的管理人员，因此，高

校思想政治教育工作者要做到“专业教育”和“思政教育”同心同向同行。首先，思想政治教育工作者要努力提升自身的专业素养。传道者要先明道、信道，不能只管“讲”、不管“教”，教师自身应该对专业知识有着透彻的理解，用一些“接地气”的方式阐述高深的道理，这样才能生动形象地为学生解答专业问题，做到“传道授业解惑”。其次，思想政治教育工作者要以“四有好老师”的标准要求自己。自觉主动学习习近平新时代中国特色社会主义思想，努力做到“新思想”进教材、进课堂、进头脑，挖掘课程当中的思政元素，梳理课程所承载的思想政治教育功能，并将其融入课程教授的过程，融入教育各环节，实现思想政治教育与专业教育的有机统一，不断推动“课程思政”建设。最后，高校思想政治教育工作者对于本专业学生的培养计划、培养方案较为了解，作为班级学风建设的主要负责人，思想政治教育工作者同样承载着培养学生的重要使命。因此，思想政治教育工作者需要借助自身的经验，帮助学生完善培养方案，制定合理的学分修读方案，做到对学生的全过程培养。

2. 高校思想政治教育工作者的科研育人职责

高校思想政治教育工作者、导师是学生科研指导的主要力量，在科学研究中，思想政治教育工作者需要在以下几个方面下功夫。

第一，坚定学生心有大我、至诚报国的理想信念。在不同的历史时期，无数科研人员前赴后继地为报效祖国献出了自己的一生。习近平同志对黄大年同志的先进事迹做出重要指示：“心有大我，至诚报国，把爱国之情、报国之志融入祖国改革发展的伟大事业当中，融入人民创造历史的伟大创造当中。”

第二，培养学生勇立潮头的科学精神。当前世界发展瞬息万变，从农耕时代到工业经济时代，再到知识经济时代，知识更新换代的周期越来越短，各种新的知识、新的技术层出不穷，要想做到不落后，就必须有勇立潮头的精神品质，要“敢为天下先”，敢于研究科研领域的前沿问题，把准研究方向，勇于突破自我。

第三，培养学生勇于创新的思维模式。只有把握住创新，才能永远保证处在领跑者的地位；只有不断开拓创新，才能有更多的发现。科学研究并不是简单地重复，如果搞科学研究缺乏攻坚克难、勇于创新的意志品质，那么永远无法突破现有的科研难题。高校思想政治教育工作者不仅要培养学生们开拓创新的进取精神，更要使高校成为培养人才的大熔炉，培养出一个个高素质的创新型人才。

3. 高校思想政治教育工作者的全程育人职责

由于角色模糊等问题，思想政治教育工作者的地位往往被忽视，影响其开展相关工作。高校思想政治教育工作者不仅影响学校的育人效果，甚至能影响学生的一生。要充分肯定高校思想政治教育工作者的价值，增强其话语权。高校思想政治教育工作者自身也要积极履行职责，在班级管理与教学科研等多项工作中寻求平衡点，确保班级平稳健康发展。

通过分析高校学生对思想政治教育工作者育人工作的满意度可以发现，提高感知质量是提高学生满意度的有效途径，也是增强学生沟通意愿的主要途径。提升学生感知质量应该从以下几点着手，第一，提高与大三、大四学生的有效沟通频率，从学生与思想政治教育工作者的互动情况中可以发现，目前互动主要存在于大一、大二学生当中，与大三、大四学生的互动较少，因此，思想政治教育工作者需要提高与大三、大四学生的有效沟通频率，尤其在保研、毕业等重要节点，发挥思想政治教育工作者的优势，帮助学生明确自我认知。第二，积极参加班级活动，在大一学生刚入学时，有很多的集体活动需要思想政治教育工作者来指导，这也是一个非常重要的时间节点，因此，对思想政治教育工作者与学生交流进行基本的要求非常有必要，这也是提升学生学习质量的保证。

现阶段思想政治教育工作者和学生的沟通主要集中于班会、课堂与谈心谈话，《高校思想政治工作质量提升纲要》中提出了十大育人体系，即课程、科研、实践、文化、网络、心理、管理、服务、资助、组织，这将是高等学校育人的重要发展方向。因此，对于思想政治教育工作者来说，不仅要通过课程、班会和谈心谈话和学生沟通，更要看到实践、网络、科研、文化等育人体系对学生成长的重要意义。学校应当搭建育人桥梁，帮助思想政治教育工作者达成育人目标，如编纂思想政治教育工作者工作手册，让思想政治教育工作者明确育人内涵以及工作内容，同时也为思想政治教育工作者考核提供依据。

在工作中，教育者时常会遇到“做什么”“怎么做”等问题，为帮助思想政治教育工作者厘清工作思路与内涵，本书在培训体系的基础上构建了思想政治教育工作者工作手册框架，对思想政治教育工作者相关文件与工作材料进行汇总，以期帮助思想政治教育工作者提升工作效率与育人效果。具体内容如下。①思想政治教育工作者工作总则与岗位职责。长期以来，思想政治教育工作者面临着工作职责不清、岗位职责不明等问题，手册将学生教育分为了针对学生个体的工作与班级整体的工作，厘清了思想政治教育工作者主要负责的工作与思想政治教育工作者协助开展的工作，构建了以掌握学生思想状况、培养学生专业兴趣等为基础的思想政治教育工作者负责工作集合，构建了以日常事务管理、家庭经济困难学生管理、就业指导等为基础的协助工作集合，建立起了“思想政治教育工作者+班主任”的协同育人机制。②学生基本信息表格，为思想政治教育工作者提供班级学生基本信息，包括班级信息一览、学生通讯录等基本信息，帮助思想政治教育工作者了解学生基本情况。③构建学生成绩统计表、班级工作计划、班级活动记录、班会记录表等班级整体工作表格，用于记录思想政治教育工作者针对班级整体进行的工作。④建立以“重点”学生帮助表为主体的学生教育记录表格，有针对性地帮助存在各种问题的学生积极成长。

（二）提升高校思想政治教育工作者的育人能力

在对学生期待和交流现状的调研中，人生目标都占据着重要位置。而思想政治教育工作者对于学生人生目标、价值观、时间观的树立有着重要的影响，在学生对于思想政治教育工作者的素质期待中，有责任心、工作热情、学业水平高都是学生看重的前三位。思想政治教育工作者对于工作和生活的态度在潜移默化地影响着学生，同时，满意度模型中的感知价值也受到教师个人素质的影响，提升感知价值，同样能够直接提升学生对思想政治教育工作者的满意度，从而增强沟通意愿。

学校应当建立起思想政治教育工作者培训体系，不断提升高校思想政治教育工作者的育人水平以及育人态度，帮助思想政治教育工作者完成从被动育人到主动育人的转变，从而建立起一支肩负“课程思政”育人的教师队伍，建成与“思政课程”同心同向的高校课程育人体系。

1. 构建高校思想政治教育工作者育人能力模型

对于高校思想政治教育工作者来说，要提升育人能力，必须构建包括教育知识、实践技能、育人态度、个人特质四个维度的思想政治教育工作者育人能力理论模型。其中，教育知识居于模型最外层，容易进行学习和了解，只要进行合理的培训教师就能完全掌握；实践技能需要通过一定的学习与联系，在实践中不断巩固和加强；育人态度居于个人特质与教育知识、实践技能之间，影响着教师对于知识和技能的习得，是对自我和教育工作的认知；居于模型最内层的是个人特质，也是个人最深层次、最不易被人察觉的特征，对于个体来说，也是最不容易发生变化的。

思想政治教育工作者育人能力提升需要充分考虑教师个人认知、学校培训、队伍建设、自身特质等方面。以“三全育人”理念为指导，在高校思想政治教育工作者育人能力提升需求的基础上，从理论和实务方面出发，综合研究高校思想政治教育工作者育人能力提升要求，并建立高校思想政治教育工作者育人能力提升体系。

根据思想政治教育工作者育人能力提升调研情况和节点的主题提炼，将思想政治教育工作者培训体系分为知识与技能、态度与意识模块，分别包括育人知识培训、实践技能培训、优秀典型学习和实践项目扩展等方面。

2. 加强高校思想政治教育工作者育人知识培训

思想政治教育工作者作为与学生接触最紧密的教师群体之一，在和学生沟通相处的过程中，首先要明确一定的教育规律，如果不能及时掌握教育规律，只会产生“学生越来越不好管”的感叹。因此，围绕思想政治教育工作者需要掌握的育人知识，不断加强思想政治教育工作者育人知识的培训，对于思想政治教育工作者育人效果的提高有着事半功倍的效果。教育与人的发展、与社会的发展是相统一的，教育要适应学生身心发展规律，要适应社会发展规律。具体包括：第一，学生身体和心理上连续不断的变化过程、人类的进化与发展过程；第二，教育与其他的社会系统相辅相成，互相促进也互相制约。

具体举措方面，应当建立完善的思想政治教育工作者知识培训体系。首先，重视思想政治教育工作者入职培训，明晰思想政治教育工作者将要面对的工作以及需要面对的学生群体的特点，搭建思想政治教育工作者交流平台，完善思想政治教育工作者学习沟通渠道，从而方便思想政治教育工作者对学生展开全面了解。其次，举办学生常见问题沙龙，将学生发展中常见的问题汇总，以帮助思想政治教育工作者及时了解学生发展需求，根据学生发展需求为学生提供相应的指导。最后，心理知识培训，进行部分心理疏导技能与学生心理状态预警机制培训，保证第一时间有所反应。

3. 完善高校思想政治教育工作者实践技能培训

随着人才培养内涵的不断丰富，培养创新型人才对于思想政治教育工作者的要求也越来越高，在提升当代大学生思想水平、政治觉悟、道德品质和文化修养方面越来越需要心理学和谈心谈话技巧等方面的培训，因此，有必要邀请经验丰富的思想政治教育工作者，与新入职的思想政治教育工作者进行如何引导学生、如何与学生沟通等方面的经验交流。只有知识是不够的，要在实践中有所应用。思想政治工作从根本上说是做人的工作，高校思想政治教育工作者开展工作必须“围绕学生，关照学生，服务学生”，遵循思想政治工作规律、教书育人规律、学生成长规律，不断提高工作能力和水平。加强课程思政建设，用好课堂教学这个主渠道，使各类课程与思想政治理论课同向同行，形成协同效应，提升思想政治教育的亲和力和针对性，满足学生的成长发展需求，让学生成为德才兼备、全面发展的人才。

三、“三全育人”下高校思想政治教育工作者的协同育人

（一）与班主任的协同

高校思想政治教育工作者与班主任均为高校思想政治教育的骨干力量，因此两支队伍在高校思想政治教育过程中均发挥着重要的作用。班主任有着管理人员和教师的双重身份，但主要还是负责学生的思想引领、日常事务管理、资助等工作，学生多、管理难度大是班主任工作的突出特点。思想政治教育工作者作为专业课教师，负责一个班级的学风建设与管理工作，与班主任面对的是同样的学生，因此在协调的过程中，思想政治教育工作者与班主任应当互相配合，做好补位工作，在日常工作中互相帮助，及时沟通交流，帮助学生扣好人生的第一粒扣子。

思想政治教育工作者的工作，有一部分是和班主任重复的，容易产生都不管、都要管、一方管等现象，这些现象都是不合理的，思想政治教育工作者和班主任应当是互相补充、互相沟通、互相帮助的，既要厘清思想政治教育工作者的工作内容，更要建立协同育人机制，做到相互配合、相互沟通。

首先，要在党委的统一领导下，共同开展高校学生的思想引导工作。加强思想政治教育工作者和班主任的育人工作，对于全面贯彻党的教育方针，完成高校立德树人根本任务有着重要意义。高校要建立党委领导、职能部门协调、院系分工负责的思想政治教育工作者、班主任管理机制，重视思想政治教育工作者的选拔和管理。

其次，以学生为本，加强协同管理意识。在实际工作中，思想政治教育工作者在保障学生日常生活顺利进行的同时，更容易发现学生课余生活的思想动态；班主任在扮演专业教师角色时，也能在日常教学中及时发现学生的懈怠思想，二者都与学生接触较多。思想政治教育工作者和班主任彼此了解、相互配合，有利于二者优势互补，共同为学生的发展成才助力。

最后，思想政治教育工作者需要配合班主任完成高校资助、心理育人工作。对于家庭经济困难学生，思想政治教育工作者应当积极参与到家庭经济困难学生的认定工作当中，同时，帮助有需要的同学进行国家助学贷款与勤工助学岗位的申请，让他们在保证基本生活的前提下自立自强，实现自身奋斗目标。对于存在心理问题的学生，要关注他们的生活状态，定期了解他们的思想动态与行为举止，必要时督促他们与心理咨询师进行联系。

（二）与导师的协同

高校导师制作为高校学生科学研究的重要制度保障，为学生科研工作提供了

很大的便利。导师主要面对 3～5 名学生，主要负责学生的科学研究工作，因此，导师需要通过科研育人质量提升体系，在日常工作中为学生负责。任课教师与导师同为专业课教师，彼此之间比较了解，因此任课教师在与导师沟通方面有着天然的优势。思想政治教育工作者与导师要协同育人，在培养学生科研精神方面着力。

思想政治教育工作者、班主任、导师均在学生成长过程中扮演着重要的角色。思想政治教育工作者的职责中，既有理想信念教育，又有日常事务管理、党团和班级建设等，使得思想政治教育工作者更多地扮演着裁判员、管理者的角色；班主任面对三十人左右的班级，更多地需要进行班级建设、学风建设、学生引导等工作；导师面对不到十名学生，其职责更多的是个体科研、学术指导等方面的内容。通过增强导师的育人作用，提高导师、班主任、思想政治教育工作者的育人合力，落实科研育人、管理育人体系，增强全员育人实效。

思想政治教育工作者作为专业课教师，不仅在课堂中传授专业知识，更需要在课上课下向学生传授做人、做事的标准与方法。同样，导师作为学生成长的领路人，首先，需要引导学生建立正确的科研价值观；其次，要在学生搞科研的过程中帮助学生树立正确的世界观、人生观与价值观，避免学术造假，强调诚信科研。广大教师在知识传授、立德树人方面取得了很大的成就，但也有部分教师科研素质、品德素养不过硬。建立一支道德水平高、业务素质高的教师队伍至关重要，不仅有利于提升课堂教学质量，更有利于践行高校进行科学研究的重要使命。

（三）与管理人员的协同

思想政治教育工作者虽然有着班级的管理权力，但从本质上说，学生的日常事务管理是管理人员来负责的，机关管理部门对于学生成长的影响主要通过制度与管理实现。思想政治教育工作者作为学生的第一管理人，应当及时教育学生遵守学校各项规定，养成遵纪守法的良好习惯。

服务育人是高校十大育人体系中的重要环节，让更多的优秀高校行政人员参与学生培养，一方面，能够加强学生与学校职能部处之间的联系，有利于学生了解学校相关政策。另一方面，有助于学校行政人员针对学生所思所想所需提供精准化服务，改善高校服务质量，提升服务育人水平。

现阶段，我国高校普遍存在服务育人意识不强、机关管理人员缺少与部分人员素质不高的现状，要从以下几方面进行改善。

第一，完善管理体系。高校现阶段延续的管理体制多为高校建校以来便延续至今的管理体制，应建立一套以学生为中心，互相理解、互相尊重的管理体制，不断革新管理理念与管理体制，将此作为管理、服务育人的基石。

第二，革新管理观念。新时代的学生培养需要在德智体美劳五方面同时发力，需要培养更多的创新型人才和高素质人才。因此，挖掘并发展学生个性显得尤为重要，使之能够很好地适应环境变化。

第三，建立完善的管理、服务人员奖惩机制。学校应建立一套德、能、勤、绩、廉考核机制，以适应时代的不断变化。

（四）与思政理论课教师的协同

思想政治教育工作者队伍配合理论课教师开展高校“三全育人”是思想政治理论课程教学的首要环节。思想政治教育工作者既是学生课外教育活动的组织者，又要做思想政治理论课程教学的“参谋”和特殊的“课代表”。思想政治教育工作者要深入认识思想政治理论课的“三全育人”主渠道作用，即使不承担思想政治理论课的教学任务，也要熟悉学校思想政治理论课新方案的教学大纲和内容体系，对学生党员和干部提出明确要求，配合理论课教师维护好课堂纪律、维护好教学秩序。

思想政治理论课教师要深入认识日常“三全育人”对于课程教学的支持、配合作用，要了解本课堂学生所在院系的学科背景，以及学生所在班级、年级的情况；要熟悉带班思想政治教育工作者，熟悉学生干部，与他们保持沟通和联系；要在课堂教学过程中积极引入课外教育资源，生动地联系学生的思想实际，提高课堂教授的吸引力，增强课程教学的实效性。思想政治教育工作者协调活动，主要从以下几个方面着手。

1. 做好重要理论学习和专题讨论

思想政治教育工作者在组织过程中邀请思想政治理论课教师参加，可以极大地提高理论学习的效果，帮助学生党员获得更大的思想理论提升。思想政治理论课教师也通过参与活动，更多更深入地了解学生的思想实际状况，把握社会思潮对学生的影响状况，提高自身的研究和教学水平。

2. 建设好学生理论社团

思想政治教育工作者在加强社团组织建设、充分发挥学生自我教育主动性的同时，要主动联系和邀请思想政治理论课教师、学术理论专家担任学生理论社团的指导教师，把握学生理论学习与实践的方向，培养学生学习研究理论问题的方法，提升学生的思想理论水平。思想政治理论课教师注重加强对于学生理论学习社团的指导，分层次、有重点地培养一批学生骨干，学习和掌握马克思主义理论，这对全体学生的思想政治理论水平的提高能够起到很好的带动作用。

3. 要注重社会实践

思想政治教育工作者和思想政治理论课教师通过协调配合，从实践主题的设计、方案的制定、活动的组织开展、学习收获的总结提高等各个环节周密计划，合作指导，帮助大学生通过实践体验、理论学习、总结讨论等过程实现感性认识到理论认识的升华，在实践锻炼和理论学习的结合过程中提高思想政治觉悟和理论水平。

第三节　结合日常管理开展“三全育人”

高校“三全育人”离不开日常管理，教育与管理应相结合。既要坚持管理育人，把“三全育人”与大学生日常的学习生活管理结合起来，用学校的规章制度和管理规范来引导、约束学生的行为；又要把学校的思想政治工作制度化，使“三全育人”得到制度的保障和支持。

一、大学生日常管理的主要内容

（一）行政管理

行政管理是指综合性的管理工作，既包括与学生行政管理工作相关的各项条例、计划、规章制度的实行，也包括学生助学金、奖学金制度及学生的评比、奖惩条例的实施等学生行政管理工作。其中特别值得重视的是评比制度、表彰制度及其实施。学生管理的实质在于调动大学生的积极性。大学生积极性的调动，有四个方面的要求：一是主动，以主人翁的姿态对待学习，自觉承担学习任务；二是合作，以同志式的态度处理师生之间、同学之间的关系，在学习过程中教学相长，互相帮助；三是有效，以求实唯真的精神对待学习，竭尽全力完成学习任务，按时保质保量完成规定的任务；四是创造，有强烈的进取心，以创造精神指导自己的学习，不断探索学习规律，在学习方法上创新。

（二）生活管理

生活管理是指高等学校对学生集体和个人的生活管理工作，主要包括伙食管理、宿舍管理、公物管理、服务设施设备管理、环境卫生管理等。搞好生活管理，既可以建立良好的高等学校生活秩序，解除学生生活上的后顾之忧，使他们一心一意扑在学习上，又可以使学生心中感到温暖以及校园生活的充实和丰富，进而养成自觉遵守公共生活准则和校规校纪的良好生活习惯。

（三）教学管理

教学管理是指教学过程中的各种管理工作，包括教学计划管理、课堂教学管理、教学质量管理、实验室管理、阅览室管理、学籍管理等。教学管理不仅是贯彻党的教育方针、保证教学秩序、培养合格人才的必要条件，也是在各个教学环节中对学生进行思想政治教育的有效手段。

二、大学生日常管理主要思路

（一）解决大学生的实际问题，关心学生发展

大学生有许多实际问题。比如，一些家庭贫困的学生存在着经济问题，有些学生学习基础差存在着学业困难，有的学生存在着适应环境方面的困难，有的学生与同学之间人际关系紧张或个人情感出现问题，有的学生在就业时存在困难，等等。这些都是大学生存在的实际问题。“三全育人”一定要将大学生的思想问题与实际问题结合起来解决，只有这样，才能满足学生需要，把教育做到实处。

之所以要把解决思想问题与解决实际问题结合起来，是因为如下几点。

1. 大学生的许多思想问题往往来自实际问题

学生的实际问题没有解决好，容易转变成思想问题。比如，一些学校的饮食不卫生、饭菜质量差，住宿条件不好，体育设施老化且严重不足，图书资料缺乏，校园周边环境差，等等，都容易引起学生思想上有想法，情绪上有牢骚，滋生对学校和社会的不满，从而转化为思想问题。

2. 解决实际问题，能为解决思想问题提供条件

事实是具有说服力的。随着实际问题的解决，学生面对实实在在的客观事实，心情就会变得舒畅，态度就可能转变，对教育者的意见和建议就更容易接受。这样，教育者就有了亲和力和说服力，被教育者就有了接受力和承受力，学生的种种思想问题也就容易迎刃而解。

3. 解决思想问题，最终目的还是要解决实际问题

脱离实际问题而谈思想问题，往往容易陷于空谈，学生不但难以接受，反而

会产生反感情绪，使得学生与教育者拉开距离，增大隔阂，甚至有损“三全育人”形象。

在解决学生的实际问题时，不要只限于解决一两个具体问题，以解决问题而替代思想教育，更不能为了讨好学生一味地迎合学生需要，甚至置原则而不顾，回避教育。有时对于一些严重的思想问题，是需要耐心细致地进行思想教育的，是需要严肃批评的，否则，错误思想就无法克服，错误行为就无法制止。比如，对于一些贫困大学生，我们需要给予经济上的资助，解决他们的实际困难。目前学校设立了许多勤工俭学岗位，正是解决这些实际问题的举措。但是，极少数贫困生为了能够获得更多的劳动报酬，有时采取弄虚作假的手法，多报工作时间，骗取勤工俭学费用；还有一些贫困生获得别人的资助后，不是用在学习和必要的生活上，而是购买奢侈品，对捐赠人没有丝毫感激之情。面对这些错误行为，就不能采取姑息的态度。

总之，要把解决实际问题与思想教育结合起来，解决实际问题是做好思想教育的目的，也是做好思想教育的途径；解决思想问题，能为解决实际问题奠定思想基础，并实现对现实认识水平的超越。如果只限于解决实际问题，而没有解决思想问题，类似的问题还会出现，小的思想问题可能还会累积成大的思想问题。

（二）遵循客观规律，区别群体教育与个别教育

“三全育人”与日常管理的结合要遵循客观规律，既要面向全体学生，准确把握普遍性的问题，做好群体思想工作，又要注意处理好一些个别的、特殊的、突发的思想问题或学生事件，做到点面结合。只有这样，才能将“三全育人”做得既深入，又全面，既有面的带动，又有点的突破。

个别工作针对的主要是“特殊”学生，比如，一些经济贫困学生、学习成绩差的学生、受情感困扰的学生、违纪学生、心理问题学生、就业困难学生等，或者针对一些突发的偶然事件。当然，个别工作也包括一些优秀学生的骄傲自满问题，以及一些先进学生的进一步引导帮助问题等。做好个别工作，既有利于全局的稳定与顺利发展，也有利于工作深化，积累经验，推动全局发展。因而，要把一般教育与个别教育结合起来。

做个别工作的原则有以下四点。第一，要以人为本，从关心、爱护的前提出发，真心帮助同学，设身处地为同学着想，实实在在地解决他们的实际问题，耐心细致地解决他们的思想问题。不要歧视他们，也不要刺激他们，既要严格要求，又要讲究方法，尊重学生人格，平等对待每位学生。第二，要因地制宜，因人而

异，根据实际情况，采取切实有效的教育方法和帮助手段，增强针对性，提高实效性。既然是个别工作，那么就需要用个别工作方法，如个别谈心、讨论、咨询等。第三，要注意保护学生隐私。为了做好个别工作，思想政治教育工作者需要同学生进行深入的思想交流和心灵对话，此时学生可能将自己的内心深处的真实思想、内在观念甚至个人隐私信息全部都倾吐出来，老师应该为学生保守秘密，尊重学生隐私。第四，要注意个别指导与一般号召相结合。按照学生需要共同遵循的准则，提出教育与管理要求是必要的。同时要加强个别辅导，做好个别工作，这不仅有利于满足不同学生的特殊需要，而且对其他学生也具有启示、警示作用。

（三）将“三全育人”融入大学生日常的各个环节

1. 将“三全育人”融入大学生行政管理

本节开头提到大学生积极性的调动和充分发挥，有四个方面的要求：一是主动；二是合作；三是有效；四是创造。要达到以上四个方面的要求，最有效的管理手段就是依靠评比和奖惩。

评比是行政管理工作中常用的工作方法，也是一种行之有效的思想教育手段，是管理与教育有机结合的好形式，可以运用于学生管理工作的各个方面。例如三好学生、优秀学生干部、优秀毕业生、文明宿舍、文明教室等评比工作，都有重要的教育作用，会收到激励先进、鞭策后进、带动中间、共同进步的效果。因为评比有标准，而标准就是一种导向，管理者可以把“三全育人”的内容和目标融合到评比标准中，学生在追求这些目标的过程中，思想道德素养自然就会得到提高；而且标准的制定可以发动学生参与，这种民主的形式对学生也是一种教育。奖惩是根据学生表现优劣而进行奖励或者惩罚的一种管理制度和方法，也是一种重要的教育手段。奖惩运用得当，可以督促学生按照正确标准提升自我修养，培养良好习惯，起到鼓励先进、抵制不良倾向的作用，如对德智体诸方面全面发展的优秀学生给予表彰和奖励，对违反校规的学生给予必要的批评教育和纪律处分，可以在学校树立向上的正气，给学生的进步营造有利的氛围。

在进行奖惩时要注意处理好以下几个关系。

（1）奖与惩的关系

要奖惩结合，以奖励为主，处罚为辅。奖惩的实质是对正确行为的肯定，对错误行为的否定，即奖功罚过。奖功罚过是对正确行为的“正强化”和对错误行为的“负强化”，使正确行为得到肯定、巩固和保持；错误行为得到否定、减弱和消退。只有把奖惩结合起来才能树正气，去歪风。实行奖惩要以奖励为主，因为恰当的奖励比批评和处分更能激发学生的情绪和上进心，而且副作用也比较少，能够较好地起到指点方向、引导向上的作用。

（2）说服教育和批评教育、纪律处分等行政措施的关系

提高学生的思想觉悟，调动他们学习的积极性，主要是靠说服教育；纠正学生的错误思想，克服其不良行为，也要靠说服教育。解决问题要摆事实，讲道理，不以势压人而以理服人。但对学生的管理和教育，也不能离开批评教育和纪律处分等行政措施，二者是相互补充，相辅相成的。在学生集体中，学习要有制度，活动要有规定，生活要有章法。对践踏制度、违反规定、无视章法的错误行为不进行批评制止甚至给予必要的纪律处分，就是对遵纪守章行为的变相否定，就会起到抑善扬恶的作用。因此要以说服教育为基础，实施说服教育的同时施以必要的行政措施，只有这样，才能增强说服教育的有效性。

（3）精神奖励和物质奖励的关系

在对大学生正确行为进行奖励时要注意满足学生精神方面和物质方面的要求，进行精神和物质奖励，使二者相结合，并以精神奖励为主。人是需要精神鼓励的，大学生更是如此。精神鼓励独特的激励作用可以弥补物质条件方面的不足和缺陷，产生巨大的精神动力，促使学生不断进步。像口头和书面表扬，颁发奖状和纪念品，评选先进，吸收符合条件者参加党团组织等，都能起到精神奖励的作用。在强调精神奖励的同时，也要重视物质奖励，改善学生的学习和生活条件，例如把评“三好”与奖学金联系起来，奖励全面发展的优秀学生。又如，根据实际情况有效地使用奖学金、助学金，在保证学生基本学习和生活需要的前提下扩大奖励项目和奖励范围。再如，对在某一方面做出突出贡献的学生在授予荣誉称号的同时，给予物质奖励等。正确而有效地实行奖励，使精神奖励与物质奖励有机结合，就可以充分发挥奖励的思想教育作用和效能。

2. 将“三全育人”融入大学生生活管理

（1）将“三全育人”深入学生宿舍、食堂等生活领域

大学生的许多思想活动都与生活问题有关，他们的思想品德修养也常常在各种生活问题上表现出来。因此，高校“三全育人”必须深入学生宿舍、食堂等生活领域，结合生活管理对学生进行“三全育人”。例如，通过食堂管理，可以培养学生的集体主义精神，以及热爱劳动、节约粮食的美德；通过对一些公物的管理，可以对学生进行爱护公物、尊重劳动人民的劳动成果、为社会主义社会创造财富的思想教育；通过对礼堂、澡堂等服务设施的管理，可以使学生从中受到美

育教育、文明卫生教育并养成热爱劳动、讲究卫生的生活习惯等。

（2）完善规章制度和行为规范

通过生活管理做学生思想教育工作，最重要的是要有一套规章制度和行为规范。规章制度和行为规范是一种重要的教育手段，规章制度具有行为约束力，行为规范具有道德约束力。二者相互补充，相辅相成，经一定程序确定后作为校规校纪由学校颁发，定为学生行为准则。学校制定的规章制度和行为规范要符合党的教育方针和社会道德是非标准，还要合情合理，从高等学校实际情况和学生身心发展特点出发，既体现学校集体意志要求、继承好的传统和校风，又使学生的学习、休息、娱乐和社会活动得到妥善安排；既要严格要求，又要切实可行。并且制定的规章制度和行为规范要具有一定的稳定性。学生思想品德的形成是一个经过长期培养磨炼的过程，使学生熟悉和了解学校制定的规章制度和行为规范，并把它变为行为习惯，形成统一的作风是需要经过一定过程和时间的。因此，高等学校的规章制度和行为规范必须具有一定的稳定性，持之以恒地贯彻执行，这对培养学生正确的人生观，使其增强组织纪律性，养成良好的行为习惯，形成共产主义道德风尚，都有着重大的作用。

（3）要解决学生生活的实际问题

高等学校的生活管理要重视解决学生生活上的实际问题。学生在高等学校学习和生活常常会遇到一些实际困难和现实矛盾，比如个人在衣、食、住、行、用等方面遇到的实际困难，师生关系、同学关系等生活方面遇到的现实矛盾，这些实际问题都会影响学生的思想变化。通过有效的生活管理工作，帮助学生合理解决生活上的实际问题，创造有利于学生全面发展的学习、生活环境，保证学生正常的学习生活条件，维护学校集体生活的正常秩序。这种帮助学生解决实际困难的管理是合情合理的有效管理，也是最实在的思想政治工作。只有学生面前的实际问题解决了，才能转变他们的思想，提高他们的政治觉悟，真正提高他们的积极性和创造性。

（4）发挥好行政、后勤的干部职工的作用

通过生活管理对大学生进行思想政治工作，高等学校行政、后勤的干部职工有义不容辞的责任。如果说教书育人是广大教师的神圣职责的话，那么服务育人则是广大后勤职工的神圣使命。作为教育者就要为人师表、作风正派，在遵守规章制度方面成为学生的榜样，在一心为公、勤俭持家、任劳任怨、忠于职守方面成为学生的楷模。并且通过做好自己的生活服务工作，解除学生学习、生活上的后顾之忧，使他们心情舒畅地学习和生活，达到间接育人的目的。还要通过自己的生活服务活动，对学生直接进行“三全育人”，如后勤维修职工，可以对学生进行爱护公物教育，食堂职工可以对学生进行节约美德教育等。通过各种行之有效的教育活动，使行政后勤职工牢固树立服务育人思想，明确自己也是教育工作者，是不上讲台的老师，同样肩负着育人的重任。只要行政后勤人员增强了职业责任感、自豪感，就会主动结合自己的工作去对学生进行相关的“三全育人”。

（5）做好大学生生活园区的管理

随着我国高等教育改革和高校后勤改革的不断推进，大学生生活园区已成为高校对学生进行“三全育人”的一个重要阵地。一定要抓好大学生生活园区的管理工作，切实加强高校“三全育人”。可以设立园区思想政治教育工作者队伍，入住园区与学生同吃、同住、同学习，深入了解学生思想、学习、生活状况，及时做好“三全育人”工作。同时，可以设立园区团工委和学生会、楼栋团总支、楼层团支部、寝室团小组，在校团委的指导下开展工作，参与园区各项工作的管理。可以成立由学生党员和各院系推荐干部组成的学生自我管理委员会，配合园区宿管员做好相应的学生公寓管理工作，并及时与各院系联系，反馈信息，开展文明宿舍评比等活动。学校要加强园区物质文化和精神文化建设，组织开展丰富多彩的思想教育和文化建设活动，逐渐形成融“思想教育、行为指导、生活服务、娱乐活动”于一体的园区文化活动，逐渐把生活园区建成学生德育、美育教育基地，发挥对学生的“三全育人”作用。

3. 将“三全育人”融入大学生教学管理

（1）加强过程管理，提高毕业论文质量

一是深入学习，系统推进，修订完善管理办法。深入贯彻落实相关文件精神，结合学校新的人才培养目标定位，从组织领导、责任要求、流程管理等方面做详细要求，为进一步规范毕业论文管理，提高毕业论文质量，培养新时代经世致用领军人才提供制度保障。

二是提前谋划，主动作为，及时跟进工作进度。为保证学生有充分的时间高质量完成论文，提前启动本科毕业论文撰写工作，及时跟进工作进度。

（2）推动平台建设，提高实习实训基地质量

以现代工程训练中心为平台，形成创新训练模式。发挥学校的聚集辐射作用，建设众创空间，全方位服务于学生科研创新项目孵化。搭建校外实习实训平台，学校与重点企业密切合作，共建实践教学基地，实现科技创新和人才培养的有效结合。学校与企业共同承担教育部产学合作协同育人项目，不断推进产教融合、校企合作，提高人才培养质量。

（3）深化教学改革，提高实验课程质量

践行“重践履、务实学、通时务”育人理念，培养经世致用之才。

一是采用“文理工融合”“线上线下混合”“科研教学结合”等多种模式开展实验教学。

二是精心选择教学内容，补充具有应用价值和普遍意义的实验，开设能够反映现代高科技成就、具有时代特色的实验项目，将科研成果直接运用到教学实践中，架起基础理论和业界需求之间的桥梁。

三是将虚拟现实（VR）、增强现实（AR）等先进技术融入虚拟仿真实验教学，延伸实验课程的时间与空间。利用虚拟仿真实验教学平台、“云工训”平台等开展线上虚拟实验，创新运用远程实验教学等形式保证实验课程质量，让学生在实践教学中真正学有所获、全面发展、健康成长。

第四节　贯穿校园文化开展“三全育人”

一、校园文化的价值与功能

（一）校园文化的价值

校园文化作为一种亚文化，在“三全育人”之中既有深刻的理论价值，也有现实的实践价值。

1. 校园文化的理论价值

（1）开辟了新的教育学研究领域

校园文化是在教育实践的推动下，教师和学生相互作用而产生的结果。

每一所学校都有独特的校园文化，并且通过学校教育工作者的不断努力而发展和完善。校园文化的建设，一方面有助于分析本校发展的缺陷，注意其他学校的发展，从中获得值得借鉴的经验。另一方面，校园文化的建设，一定会因其与生俱来的鲜活的实践性和挑战性，吸引一批教育理论研究工作者开展校园文化的研究，帮助关注学校文化建设的教育实践工作者总结和提升已有的理论，进而对现实的教育实践工作进行指导。

同时，校园文化以其独立的地位被教育实践者所认识，这会使其研究者在自己工作遇到困惑时知道如何去寻找解决办法，现实是，一些校长或者教师在遇到校园文化问题时，不知道该请教教育管理学还是教育哲学的学者。校园文化的建设既解决了这样一些人的困惑，同时也促使校长以及教师以自觉的批判态度反思校园文化建设的理论和实践。

（2）促进教育学学科体系的完整

校园文化的兴起直接受益于一线的教育工作者对学校发展的思考，他们迫切需要有专门的理论对其进行引导和支持。教育学实质上是一门实践性学科，教育实践的需要就是教育理论努力的方向，而校园文化完美地阐释了教育学的实践特性，这既实现了教育学学科的丰富和完整，更彰显了教育学的实践性。

（3）向学校管理学注入了新思维

管理理论的摇篮在企业界，学校管理学在很大程度上借鉴了企业管理学的内容和方法。然而学校的性质与企业存在很大差别，目的在于培养人才，而非营利。因此，学校管理亦步亦趋地追随企业管理的步伐，势必会引起教育研究者的反思。作为一个学习共同体，其管理方式和以企业为代表的组织很不相同。运用针对现代企业制度的管理学理论进行学校管理无异于缘木求鱼。

校园文化打破了传统学校管理的理性、科层观念，以学校成员内心的价值观念来引导学校成员自觉采取符合学校文化的方式来教书、育人、交友、做事。可以说，不用学校相关领导用心良苦地去“管”，也能达到井井有条的和谐之“理”。因为校园文化是教师和学生普遍认同的观念和行为系统、方式系统，是一种群体意识和价值认同。与学校的价值观、理想相契合的观念与行为，会得到肯定和鼓励。相反，与学校的价值理念相悖的观念与行为会为众人所不容，就有被边缘化的危险。可以说，校园文化带来了无形的、非正规的和许多不成文的行为准则，这种行为准则将给学校成员以规范和约束，使他们自觉自愿地依据学校不成文的价值观进行自我管理和调控，这种自觉自主的自我管理在很大程度上弥补了单纯硬约束带来的不足与偏颇。

（4）为多学科的交流提供了平台

教育的对象是人，任何学科的研究对象都不像教育学的研究对象那样复杂。因而，对教育问题的观察需要多个角度，教育知识的研究也有多种基础和视角。任何一种研究视角都并不应排斥其他的视角，相反，应该努力与不同视角的研究进行交流和对话。因为人们不能同时看到一个人的前胸与后背，视野路线的局限性在研究领域里也在起作用。所谓“横看成岭侧成峰，远近高低各不同。不识庐山真面目，只缘身在此山中”。对于人文社会科学更是如此，因为人的价值观不同，认识的目的、角度就会不同，所以更需要多角度、多层次地把握。校园文化涉及教育学、管理学、文化学、学校管理学、组织行为学、教育文化学等多个学科，教育学者从事校园文化的研究，需要对上述学科有基本的把握，从教育学的视角出发，挖掘其他学科对学校文化建设的支持和借鉴。同时，校园文化也为关心教育但不是教育领域的专业研究者提供了一个研究的切入点，这有助于相关学科及其学者之间的深入和有针对性的交流，这个过程其实也是各个学科应用、检验、修正和传播自己的理论的过程。

2. 校园文化的实践价值

（1）促使教育者反思教育生活，形成文化自觉

校园文化的研究源于实践，更是为教育实践服务的，是为那些在教育实践第一线的教师、校长和教育行政人员等服务的。不过校园文化的研究并不是给他们一个模板，告诉他们怎么去做，而是要促使教育者来反思自己的教育生活，反思自己的教育理念，使他们自觉思考教育的文化意蕴。从最广泛的意义上来说，教育就是促使人的思想发生转变，特别是向善的一方转变。而文化也可以被看作动词，也具有转变的意思。在此意义上，教育和文化具有同质性。学校是学生接受教育的地方，也是传递和创造文化的地方。

（2）维护学校成员的成就感和归属感

校园文化让学校成员意识到文化建设的必要性。学校文化实际上表达的是学校的追求和理想，代表着学校全体人员的根本意愿。当这个位于学校成员内心深处的意愿被他们自觉认识到时，就会成为强大的精神力量，让他们感到是在为自己的理想而工作，而且，在学校这个组织中，还有很多跟自己有着一样的追求，像自己一样为之奋斗的同事们，这就有效地调动了他们工作、学习的积极性，进而形成强烈的成就感和归属感。同时，学校也凭借学校文化形成了强有力的学校凝聚力。

（3）引导教育改革的方向

素质教育、新课程改革推行了很多年，也取得了一些成效。但是当深入学校跟高校“三全育人”工作者谈素质教育，听到的真实的回答仍然会让我们感叹“三全育人”工作还要进一步提高。造成这种结果的原因很多，从学校文化的角度看，有以下几点。

教育评价是教育改革的关键，评价标准和方式不改变，怎么改革也仍是原地打转。所以教育评价多元化的提法一直都很有号召力。

教育评价，评价的对象是学生，但学生是学校中的学生，所以以分数为衡量标准的教育评价的对象也包括了学校。有评价就有比较和竞争，在以分数为标准

的前提下，学校在竞争中获胜的唯一砝码就是学生的分数，分数越高，升学率就可能越高，学校才会获胜。分数这个原本只是衡量学生的标准，通过评价这个中介，也成了衡量学校的标准，逐渐又演变为唯一标准。虽然教育政策和教育舆论都在谴责这种分数至上的教育评价，然而其他评价方式的缺失却使得谴责无力。

而校园文化的出现，使学校文化这个学校与生俱来的固有特征也成为衡量学校的一个标准，学校文化本身就具有强烈的教育意义，无疑有利于纠正当前人们对分数的过度执着。把学校文化建设明确作为评价学校的标准，是未来教育改革的可行、必行之路。

（二）校园文化的功能

高校是向青年传播科学文化知识和精神文明的基地，其固有的、特殊的文化氛围成为校园生活的主要特征。人创造了环境，环境又影响着人。作为由师生员工共同创造的校园文化，为学生的成长和教职员工的工作、学习提供了良好的外部条件。人们生活在其中经常受到熏陶感染，唤起对美好事物和理想的追求，进而激发起创造更美好的环境的热情和行动。因此，校园文化对学校成员的心理、行为、意识等发挥着不容忽视的作用。校园文化反映了师生员工在价值取向、思维方式和行为规范上有别于其他社会群体，并且有校园特色的一种团体意识和精神氛围，是维系学校团体的一种精神力量。在国内兴起的“文化热”中，校园文化呈现出千姿百态、生动活泼的景象，显示了蓬勃发展的态势和强大的辐射力。文化的改革、开放，有力地推动和促进了文化观念的更新、文化组织的发展、文化环境的构造、文化设施的建设。

校园文化设施使文化的表现和传递有了一定的物质载体，并通过校园文化氛围，时刻向周围辐射文化因素，给人以情绪影响和精神启迪。这几年，各级各类学校普遍重视学校环境建设和公共场所的布置，一些学校还建设了宣传栏、宣传牌、读报栏、雕塑等，运用名人名言、校歌校训的耳濡目染、潜移默化，提高师生的道德水平。

校园文化活动一个接着一个，文化节、艺术节、运动会、读书月、电影周、文体竞赛、社会调查等活动也增强了学校的凝聚力和师生的自豪感。在活动中，师生的才能得到了发挥，情趣得到了升华，还形成了融洽、团结的气氛。

校园文化组织层出不穷。不少学校都有课外读书社、艺术团、辩论会、文学社、话剧社等。目前在高校的学生社团数以万计，一些学校还成立了社团联合会，具体管辖各社团的发展。社团的蓬勃发展，不仅成为校园文化的重要组成部分，而且在声势上与团委、学生会“三分天下”，构成学生组织“三足鼎立”的格局。

1. 教育功能

校园文化有很强的教育功能，主要表现在潜移默化、耳濡目染、暗示性和渗透性。这不同于以教师教、学生学的单向灌输为主的课堂教育，生活在校园之中的人，会不知不觉地接受校园文化的教育，并内化成风尚、习惯、规范，从而带上校园文化的烙印。校园文化的教育功能，大致可以概括为以下几个。

（1）凝聚功能

校园文化所包含的价值观念、理想信念、行为规范等群体意识，就像一种精神黏合剂，可以使师生员工产生归属感。这种凝聚功能来源于校园精神，是高校校园文化的灵魂，它对大学师生具有无形的不可低估的凝聚力和感召力。它能使全体成员团结一致、关心集体、关心学校，进而形成一种心理需求，从而增强学校成员的荣誉感。

校园文化的凝聚力或向心力问题，目前愈来愈受到人们的重视。不管是一个国家还是一个民族，也不管是一个企业还是一所学校，当一种文化的核心被人们认同以后，就会变成一种强大的黏合剂。以学校精神为核心的价值观被学校全体师生员工共同认可以后，就会产生一种巨大的向心力和凝聚力，把所有成员牢牢凝聚起来，有力地强化师生员工的校园归属感、责任感和荣誉感，形成一股无形的强大的精神力量，推动学校不断向新的目标迈进。一所学校要在激烈的社会竞争中立于不败之地，并一往无前地向前迈进，除了靠高质量的教学、高水平的管理等“内功”外，还要靠这种由校园精神所凝结成的极大的集体合力、奋发向上的群体意识和学校成员的主观能动性。拥有强烈学校意识的师生员工，会自觉自愿地把自己与学校融为一体，“校兴我荣”“爱校如家”，拥有强烈的主人翁感、责任感和使命感，处处维护学校的荣誉和声誉，为学校添光增彩。

校园文化作为广大师生在实践中共同创造和认同的价值取向和情感追求，具有较强的凝聚力。它可以把广大教职员工的力量团结在一起，激发他们为共同的发展目标奋发进取的情感，进而内化为一种积极进取、开拓创新的巨大合力，使学校的每一个成员都能感受和意识到，自己在校园文化建设过程中是主体，在文化素质提高的过程中也是主体，并产生一种强烈的校园认同感、校园归属感、校园责任感和校园荣誉感。

（2）陶冶功能

教育从根本上说起着一种文化传递的作用，使人通过对文化价值的摄取，获得人生意蕴的全面体验，进而陶冶人格和灵魂。学校教育的本质就是进行文化传递，使学生通过对文化价值的摄取，进而陶冶自己的人格和灵魂。在这方面校园文化比起正规的教育教学更具有独特的功能。原因在于：第一，与其观念体系相适应的优美、整洁、有秩序的学习、工作、生活环境，对生活在其中的每个人都起着陶冶情操与规范行为的作用。第二，校园文化创造了一个陶冶人们心灵的场所。以校风、学风、文化传统、价值观念、人际关系等方式表现出来的观念形态，对学校教育的各个方面起指导性的作用。

青年学生生活在复杂的环境里，他们是在社会生活的相互交往中发育成长起来的。社会主义社会为青年一代实现全面发展提供了有利条件。学校教育长期一贯地坚持德育和智育，有利于使学生树立起共产主义的世界观、人生观和理想情操。但是，如果脱离具体社会生活，离开社会实践，只是书本上口头上的说教，这种世界观、人生观和理想情操是形成不了的。对于青年学生需要充分利用各种场合、各种形式进行传统教育、民主法制教育、“五讲四美三热爱”教育。需要重视第二教育渠道，关心学生的课外生活，使他们在接触周围世界的丰富多彩的活动中陶冶情操，树立正确的世界观、人生观。

由于校园文化具有陶冶的教育作用，因此，在学校的整个教育环节中，它能消除某些正面教育所引起的逆反心理，收到正面教育所不能达到的效果。苏霍姆林斯基曾经说过，对周围世界的美感，能陶冶学生的情操，使他们变得高雅。

（3）导向功能

所谓导向功能，就是把学校成员的业余文化活动引导到正确的方向上来。具体来说，就是指在具体的历史环境和社会发展条件下，将所有成员的事业心和成功欲转化为具体的奋斗目标、人生追求和行为准则，形成广大师生的精神支柱和精神动力，使其共同为社会主义现代化事业而努力奋斗。即校园文化承载着学校的精神，并逐渐形成一种与之相适应的环境与氛围，从而对在其中的人们起着主要的价值导向作用。它能够把全体师生员工的思想和行为统一到学校的发展目标和人才培养目标上来，保证学校的办学方向，号召全体师生员工为实现共同的目标而努力奋斗。从物质环境到制度理念，从集体规范到人际关系，从举止仪表到教室的布置，校园文化建设始终围绕着学校的发展目标，给每一位校园人一个具体可感的参考系，从而使校园人积极地从周围环境中接受那些大家所公认的或学校倡导的价值观和行为准则。

良好的校园文化环境，会通过陶冶、凝聚等内化力量，给学生的成长提供优越的精神土壤，同时抑制不良心理、行为和习惯滋长，使他们在校园文化的导向下，正确选择社会信息，接受先进思想，逐步健康地成长起来。学校是一个开放的系统、一个兼收并蓄的文化荟萃的场所，各种价值观念在这里碰撞，校园文化的正面引导作用显而易见。教育心理学认为，青年学生正处于生理、心理急剧发育、变化的时期，思想活跃，易接受新鲜事物，易被环境所影响，思想观点、政治态度、道德观念均含有极大的不稳定性和模糊性。因此，面对社会开放形势下出现的各种现象和产生的社会文化信息，他们缺乏起码的辨别筛选能力，致使他们产生思想上的盲目，行动上的盲从，甚至误入歧途。

校园文化作为一种环境文化，其重要作用在于创造一种文化氛围去感染、陶冶学生。大学校园文化氛围时刻熏陶着大学生的意志、情感、思想和价值系统，这种影响从大学生一踏入校园就已经发生，并通过其功能将大学生导向预定的教育目标。

积极参与校园文化活动，充分发挥创造力，是学生业余时间消耗能量的重要途径。青年学生精力旺盛，爱好文娱，喜欢表现，而校园文化就为他们提供了一个培养创造力、释放潜能的广阔天地。在正确导向下，在集体的激励下，学生的能量就会迸发出来，同时社交、组织、生活等方面的能力都会得到锻炼和提高。

（4）规范功能

校园文化对每个校园人的思想、心理和行为都具有约束和规范作用。一方面，通过校园文化营造表现出对价值取向、理想情操、道德规范的非正式约束功能，影响校园人的价值观、道德观和行为；另一方面，通过建立一定的机制和制度促使每一个校园人在行为上协调一致。

规范功能就是根据学校教育方针和教育任务的要求，激发学生内在的学习动机，使其坚持集体主义的价值取向，弘扬爱国主义的高尚品德，培养爱校如家的深厚情感，自觉维护高校的安全稳定。这种导向作用不是靠行政命令，而更多的是靠校园文化对学生的心理塑造来进行的，它为个体行为提供了参照系数。身在这个环境中，就会自然而然地受到熏陶感染，使学生在潜移默化中接受校园的共同的价值观。

（5）自我教育功能

校园文化环境囊括了校园成员的全部生活，贯穿于师生员工校园生活的各个方面。对于学生来说，校园文化以潜移默化的方式产生影响，使学生在不知不觉中接受教育。这之中，无疑也包括自我教育。青年学生由于学业压力，再加上面临严峻的就业形势，长期处在一种严肃、紧张的生活状态下，容易产生焦虑感、挫折感，容易出现心理障碍。健康向上的校园文化和良好的校园文化氛围对人具有一定的约束力。它不仅可以调节人们的情绪、促进人们的身心健康发展，而且能够激发人们创造出最新的文化知识和文化成果，甚至会创造出新的准则和新的规范来。

2. 社会功能

校园文化是个体社会化的过程与缩影，它以特有的精神活动和文化氛围，使生活于其中的每一个个体有意无意地与既定文化发生认同，从而实现对人的精神、心灵、性格的塑造，达到社会化的目的。学校的文化环境绝不是孤立封闭的，是与社会神经息息相通的。一方面，经社会化了的校园成员通过与社会的接触和交流，以其良好的思想文化素质和文明行为去影响他人。因此，校园文化的社会功能主要体现在同化功能和辐射功能两方面。另一方面，校园文化以其特有的精神环境和文化氛围，使生活在校园之中的个体有意无意地实现精神、心灵、性格的塑造，达到社会化的目的。

3. 情感功能

情感是人的一种复杂的心理现象。情感包括道德感和价值感两个方面，人的情感是文化情感赖以产生的基础，没有人的情感，也不可能有文化情感。列宁曾经指出：“没有人的情感，就从来没有也不可能有人们对真理的追求。”这说明，人的情感可以使人认识真理，追求真理。文化情感也是如此。校园文化可以通过人的情感作用产生较大的影响。

目前，人们在论及校园文化的功能时，对情感功能有所忽视，这是一个较大的缺憾。如果从教育学、社会学的角度去认识校园文化的功能，就只能抓住校园文化影响学校成员成长的共同性，而不能抓住其特殊性。既然校园文化能对人的情感产生作用，我们就必须从心理学、美学的角度进行研究，找出校园文化的情感功能。校园文化的情感功能，具体包括审美、娱乐、激励这三项功能。

（1）审美功能

审美功能，又称“美化功能”，它可以说是推动人类自身发展的一种内驱力。校园是到处充满情感的校园，丰富的校园文化，充实了人们的精神世界，同时也提高了人们的精神境界。校园文化的审美功能是看不见摸不着的，它在校园成员的情感体验之中。要使每个学生的心灵美丽、充实、多姿，就必须重视校园文化的审美功能，通过情感和美感的力量使他们茁壮成长。

在引导和鼓励学生追求仪表美的同时，我们应注重教育学生对自然美、艺术美、社会美等的向往与追求，帮助学生抵御那些毒害青少年健康成长的、与社会主义精神文明格格不入的审美情趣，从而培养高尚的道德情感和审美情趣，以推动社会主义精神文明建设不断向前发展。对学生来说，丰富而健康的精神文化活动，为学生充分地表现爱美的天性，提供了机会和条件，让他们以各自的审美情趣美化生活，从中得到多样化的体验，并极力按照美的规律塑造自己。在校园文化中，那些内容健康、形式多样、格调高雅的各种精神文化活动，可使校园成员以此为兴趣和起点，努力学习和培养正确的审美意识、审美理想、审美观点。

（2）娱乐功能

罗马古典主义理论家贺拉斯的“寓教于乐”的观点，完全可以引入校园文化之中，校园文化不单单是为了教化，还应该有消遣和调适作用。娱乐功能，也称“消遣功能”“调适功能”。对于学校成员的生活和精神来说，校园文化是一种很好的调节剂。

校园处处是文化。校园文化的发展不仅有效地调控着专业文化生活，而且有效地调试着业余文化生活，这是许多研究发现的基本事实。如果校园文化有专业文化和业余文化之分的话，那么发生在上课和上班时间、空间里的文化活动和文体现象就是专业文化，而学习、工作之外的各种文化活动、文化现象就是业余文化。作为校园文化一部分的业余文化生活，它不仅可以作为紧张学习、工作之余的体力、脑力恢复的调节剂，而且可以进一步作为人们娱乐、享受、愉悦身心的调节剂。这些形式近似一种消遣，但从生理和心理的需要来看，通过身体放松、欣赏艺术等形式，为丰富学校成员的精神文化生活提供了可能性。因为“消遣为人们提供了激发基本才能的变化条件”①。此外，沁透了校园文化精神的学校校规校训、校风校貌、道德风尚等，对学校每个成员的思想和行为都起着一定的约束作用，是一种由心理制约而发生作用的自我管理和约束，它是一种通过学校成员自省时的内疚自责而改变不良行为的约束，这是一种有效的“软约束”。

（3）激励功能

校园文化为扩大学生的知识面、促进学生个性的发展、优化学生的情感、开发学生的潜能等提供了一个有利的环境。校园文化的激励功能，又叫“动力功能”。所谓“激励”，就是激发和鼓励的意思，就是通过某种刺激因素，促使某种思想、愿望和行为产生的心理过程。学生每天都会接收到各种文化信息，在心理和精神上出现了众多的需要，这些需要不断“膨胀”，就成了一种刺激因素，促使学生产生各种情感体验。优良的校园文化往往像一支火炬，能在寒冷中给人带来温暖，

① 苏翠萍，孙万晓．我国休闲服务业的创新管理方法研究[J]．中国集体经济，2011（31）：38．

在人们苦闷彷徨之际，带来光明和力量。

因此，作为校园文化，只要它内容健康、情感健康，不管是物质形态的，还是精神形态的，都能起到激励学生前进的情感作用，从而使学校形成朝气蓬勃、开拓进取的良好风尚，形成一种你追我赶的激励环境和激励机制。它有利于在全校成员中培育和树立共同的理想和目标，使其增强事业心和责任感，极大地激发出积极性、创造性，从而为学校建设做出积极的贡献。

二、利用校园文化开展“三全育人”的途径

（一）全面推进“博雅工程”

大学不仅是学习知识、传播知识的地方，更是陶冶情操、提高素质的地方。当代中国大学以社会主义先进文化建设为导向，大力推进丰富多彩的学术、科技、艺术等“博雅工程”系列活动，不仅可以使学生形成合理的知识结构，还可以丰富校园人的精神生活，提高其审美能力和思想境界，陶冶情操，培养健康活泼、奋发向上的精神风貌。丰富的校园文化活动是培养高素质人才的一个重要途径，学校各院系每年都可以结合各自的特点，开展格调清新高雅，内容丰富多彩，形式多种多样的科技文化艺术节，让广大师生积极参与，各显其能，使校内初步构建起多层次、多类型、系列化、大众化和精品化的独特校园文化氛围。

与此同时，大学要根据学生的兴趣，建设健康向上的自我教育、自我服务和自我管理的学生社团组织，如大学生通讯社、演讲与口才协会、书法协会、球迷协会等。要以爱国主义教育为主线，激发师生员工工作和学习的热情。每年新生入学，学校都可对学生进行以光荣传统和优良校风为主题的入学教育，对新教师进行各种严格、系统的岗前培训等，深入开展“三全育人”，创建优良的班风、教风和学风。使新生从入校的第一天开始，就培育起爱国爱校的情感。在每年的传统节日，学校都可紧密围绕形势和任务，确定纪念活动的主题，充分发挥各级党政组织以及工会、共青团、学生会、研究生会以及各种学生社团的作用，组织各种蕴含丰富教育内容的活动。这些全年基本不断线的思想文化教育活动，可极大地丰富师生的思想文化生活，有力地提升师生的思想修养品位。

（二）大力开展主题创建活动

开展和谐主题创建活动，持续推进以“和谐”为核心的校园文化建设，是实现学校又好又快发展的迫切需要，也是实现全体师生共建共享的迫切需要。

主题创建活动是指把具有一定特征的某种基本思想作为核心内容，并在活动中使其得到充分体现的一系列思想政治创建活动。主题创建活动的基本含义决定了它具有战略性重要地位。从内容上讲，高校文明、和谐主题创建活动要以理想信念教育为核心，以爱国主义教育为重点，以思想道德建设为基础，以大学生全面发展为目标；从组织形式上讲，有课堂教学、课外教育等活动，有全校、院系、年级或班级等不同规模大小的活动，有工会、党团、社团等不同组织主办的活动，有学术的、科技的、体育的、艺术的和娱乐的等不同内容的活动，有社会调查、生产劳动、志愿服务、公益活动、科技发明和勤工俭学等社会实践活动等。如此丰富的内容与组织形式，必须突出重视实效性，避免因缺乏新意而使组织者与参加者产生心理倦怠感。因此，有必要开展以学年度为一个完整周期的主题创建活动，以统筹大学精神和大学文化建设工作。

主题创建活动的开展具有重要作用。首先，主题创建活动因其主题的确定是以学校的发展战略为目标且为实现学校的提升和发展服务的，因此对学校的总体工作起到思想上的保障作用；其次，主题创建活动作为一所学校一学年“三全育人”工作的核心内容，对学校总体的“三全育人”工作起主导、标杆的作用；再次，主题创建活动作为学校校园文化软环境建设的重要组成部分，对全校师生员工，特别是大学生的思想政治品德的形成具有潜移默化的作用；最后，主题创建活动因其内容丰富和形式的多样性，对大学生综合素质拓展起到重要的辅助作用。

（三）加强校园环境建设和校园文化阵地建设

大学的精神文化是内隐而无所不在的，表现在组织成员共同的价值观念、道德准则和情感气质之中，是一所大学整体面貌、水平、特色及凝聚力、感召力和生命力的体现。物质、制度和精神三个层面的文化并不能孤立存在，三方相互制约、相互促进、相互影响、相互转换，缺一不可，其间存在着对立统一的辩证关系。制度文化是大学建设的基础，包括与高等教育相关的法律法规、学校管理体制及其规章制度、特定的行为规范等。

大学物质文化也叫作外显文化，它以某种符号为载体，能够通过一定的程序化的组织活动将大学精神显现于学校的各种标记物之中，如富有创造感召力的校牌、校徽、校服、大型壁画、雕塑和博物馆等。更进一步，大学物质文化还包括一批高水平、结构合理的课程和学科专业，一支具有人格魅力、学术造诣深和善于治学育人的教师队伍，一个现代化的图书馆、实验室和校园网以及健康向上的校园文化环境。在精神文化方面，要凝练传统精神，弘扬与时俱进的时代精神，统一学校成员的群体意识，形成良好的精神风貌。塑造大学校园文化，加强校园环境建设和校园文化阵地建设，就要通过塑造大学精神文化来带动制度文化的改良并反作用于物质文化，达到三者有机结合、浑然一体、同步发展的目的。

参 考 文 献

[1] 杨道建．新时代高校三全育人理论与实践[M]. 镇江：江苏大学出版社，2021.

[2] 李红，王谦．新时代高校实践育人理论与实践[M]. 镇江：江苏大学出版社，2021.

[3] 王静．全球治理人才培养背景下的思政教育体系建设[M]. 北京：中国商务出版社，2021

[4] 盛春．新时代高校辅导员价值引领功能探索[M]. 上海：同济大学出版社，2020.

[5] 黄瑞宇．新时代高校学生工作的创新研究与实践探索[M]. 北京：中国政法大学出版社，2020.

[6] 张春宇．“三全育人”理念下高校思政教学创新路径研究[M]. 长春：吉林大学出版社，2022.

[7] 苏基协．新时代高校“三全育人”理论与实践创新研究[M]. 西安：西北工业大学出版社，2022.

[8] 姜雅净，程丽萍．“三全育人”理念下高校课程思政改革实践[M]. 上海：立信会计出版社，2021.

[9] 李闯，王维．基于“三全育人”的民办高校课程思政协同体系构建[J]. 大学，2023（21）：141-144.

[10] 彭立平．“三全育人”视域下高校实践育人工作路径探究[J]. 学校党建与思想教育，2022（22）：78-80.

[11] 屈扬，杨亚庚．“三全育人”理念下高校青年马克思主义者培养路径探究[J]. 长春师范大学学报，2022，41（11）：5-8.

[12] 张鹏．“三全育人”视域下民办高校思想政治教育创新探究[J]. 数据，2022（10）：113-115.

[13] 纪富贵．高校学生党史学习教育嵌入“三全育人”综合改革初探[J]. 湖南大众传媒职业技术学院学报，2022，22（1）：76—80.

[14] 闫婷．“三全育人”理念下的高校实践育人体系探究[J]. 理论观察，2021（7）：22—24.

[15] 袁楠，张立．“三全育人”理念下高校学风建设体系构建研究[J]. 开封文化艺术职业学院学报，2021，41（4）：119—121.

[16] 陶庆才，高杨，庞春阳．高校“三全育人”工作的时代意蕴与体系建设研究[J]. 宿州学院学报，2021，36（2）：76—79.

[17] 樊嘉宁，吴严，石千程，等．“三全育人”视角下高校就业指导工作体系建设研究[J]. 教育现代化，2020，7（8）：78—79.

[18] 王浩，冯爱玲，王岩，等．高校思想政治“三全育人”工作体系建设研究[J]. 知识经济，2018（23）：143—144.

[19] 李沐曦．新时代高校“三全育人”理论与实践研究[D]. 长春：吉林大学，2022.

[20] 赵翼．“三全育人”理念下高校“课程思政”建设路径研究[D]. 重庆：重庆邮电大学，2021.

[21] 郭范钰．“三全育人”理念在高中思想政治教育中的应用研究[D]. 长沙：湖南大学，2021.

[22] 包昱辉．新时代高校三全育人建设路径研究[D]. 包头：内蒙古科技大学，2020.

[23] 朱小芳．高校思想政治工作“三全育人”实践路径研究[D]. 西安：陕西师范大学，2020.

[24] 苟建强．基于立德树人的高校“三全育人”路径研究[D]. 重庆：重庆工商大学，2020.

[25] 韩薇．“三全育人”背景下高校辅导员职业能力提升路径研究[D]. 太原：山西财经大学，2020.

[26] 于天奇．立德树人视阈下高校“三全育人”的创新路径研究[D]. 石家庄：河北科技大学，2019.